AF155749

Gustave Aimard

Valentin Guillois

Gustave Aimard

Valentin Guillois

ISBN/EAN: 9783744643900

Hergestellt in Europa, USA, Kanada, Australien, Japan

Cover: Foto ©ninafisch / pixelio.de

Weitere Bücher finden Sie auf **www.hansebooks.com**

Valentin Guillois

von

Gustav Aimard.

Deutsch

von

W. E. Drugulin.

Erster Band.

Leipzig.

Verlag von Christian Ernst Kollmann.

1862.

I.

Das Windflußgebirge.

Das Felsengebirge bildet zwischen Californien und den Vereinigten Staaten eine fast unübersteigliche Scheidewand; noch heutigen Tages sind den amerikanischen Abenteurern die furchtbaren Engpässe, unwegsamen Thäler und weiten Ebenen im Westen desselben fast ganz unbekannt, und nur die unerschrockenen, unter= nehmenden Trapper von Canada durchstreifen jenes Gebiet.

Einen besonders erhabenen Eindruck machen die gewaltigen Felsenmassen, welche man mit dem Namen des Windflußgebirges bezeichnet. Die schneebedeckten Spitzen jenes Gebirges ragen bis zu den Wolken em= por, und dehnen sich Nord=Nord=östlich in so unab= sehbare Ferne aus, daß sie wie ein kaum sichtbarer Nebel am Horizonte verschwinden, welchen das kundige Auge des Waldläufers aber sofort als die steile Kette der gelben Berge erkennt.

Valentin Guillois. I. 1

Das Windflußgebirge ist eines der bedeutendsten Bergmassen des Felsengebirges. Dasselbe bildet gleichsam eine ungeheure Hochebene, welche ohngefähr dreißig Meilen lang und zehn bis zwölf Meilen breit und von steilen, schneebedeckten Bergspitzen überragt ist, zu deren Füßen sich enge, tief eingeschnittene Thäler befinden, in welchen unzählige Quellen und von Felsen eingeschlossene Flüsse und Seen entspringen. Einige der gewaltigen Ströme, welche sich, nachdem sie durch ein, mehre hundert Meilen langes, malerisches Gebiet geflossen, theils in den Missouri, theils in den Columbus ergießen, und beide Weltmeere mit ihren Gewässern speisen, entspringen in jenen mächtigen Wasserbehältern.

Das Windflußgebirge genießt in den Erzählungen der Waldläufer und Trapper einer wohlverdienten Berühmtheit; die unheimlichen Schluchten und wilden Landstriche, welche an dasselbe grenzen, dienen nur zu häufig den Prairie=Piraten als Zufluchtsort und sind unzählige Mal der Schauplatz blutiger Kämpfe zwischen den Weißen und Indianern gewesen.

Gegen Ende Juni des Jahres 1854 ritt ein wohl ausgerüsteter und bis an die Augen in die Falten seines Zarapé gehüllter Reisender an einem der steilsten Abhänge des Windflußgebirges entlang, welcher sich unweit des Sids-ki-di-agie oder grünen Flusses befand, jenes gewaltigen Colorado des Westens, der sich in die große Bucht von Californien ergießt.

Es mochte ohngefähr Abends um sieben Uhr sein,

als der Reiter, von einem schneidend kalten Winde ge=
jagt, der unheimlich zwischen den Bergen heulte, fröstelnd
vorüberritt.

Rings umher verdüsterte sich die Gegend, welche
im matten Lichte des Mondes noch unheimlicher erschien.

Der Reisende konnte, indem er weiter ritt, die
Hufschläge seines eignen Pferdes nicht hören; denn um
ihn her wirbelte der Schnee und bedeckte den Abhang
zu seinen Füßen mit einem weißen Leichentuche. Zu=
weilen zwangen ihn die Biegungen des geschlängelten
Pfades, welchen er verfolgte, durch ein Dickicht zu
bringen, dessen starre, bereifte Aeste, wie Todtengebeine
vor seinen Blicken emporragten, und mit unheimlichem
Geräusch an einander schlugen, wo er vorüberkam.

Der Reisende setzte seine Wanderung fort, wobei
er sich rechts und links besorgt umschaute; denn sein
von einem weiten Wege ermüdetes Pferd strauchelte bei
jedem Schritte und schien, trotz der wiederholten Mahn=
ungen seines Herrn, entschlossen zu sein, stehen zu
bleiben, als Roß und Reiter plötzlich, nachdem sie eine
neue Biegung des Weges verfolgt, in eine geräumige
Waldlichtung traten, die von einem dichten, mäßig
hohen Grase bedeckt war, welches sich in einem Kreise
von vierzig Metres im Durchmesser, mit seinem gelb=
lichen Grün gegen den weißen Reif los hob, der ihn
rings umgab.

„Gott sei Dank!" rief der Reisende im besten
Französisch aus, indem er sich zufrieden umblickte, „hier

ist endlich eine Stelle, an welcher ich mein Nachtlager, ohne zu große Unbequemlichkeit, aufschlagen kann; ich wäre beinahe verzweifelt, eine solche zu finden."

Während dieses Selbstgespräches hatte der Reisende sein Pferd angehalten, und war aus dem Sattel gesprungen.

Vor allen Dingen sorgte er für sein Thier, welchem er Sattel und Zaum abnahm, und ihm sein Zarapé überwarf, ohne Rücksicht auf sein eigenes Wohl, denn obwohl die Kälte in jenen Bergregionen ziemlich empfindlich war, schien er dieselbe für seine Person wenig zu fürchten.

Sobald sich das Pferd frei fühlte, fing es, trotz seiner Müdigkeit an, das Gras der Waldlichtung gierig abzuweiden; nachdem sich der Reisende überzeugt hatte, daß seinem Thiere Nichts mangele, war er darauf bedacht, für seine eigene Nachtruhe zu sorgen.

Der Unbekannte, der sich jetzt als ein großer, hagerer, wohlgestalteter Mann mit hoher, breiter Stirn und blauen, klugen Augen, die verwegen unter den Brauen hervorblitzten, zeigte, schien an das Leben in der Wildniß längst gewöhnt, und über die bedenkliche Lage, in welcher er sich befand, weder besorgt, noch verwundert zu sein.

Es war ein Mann von mittlen Jahren, auf dessen Stirne der Kummer tiefe Furchen gezogen hatte, an welchen das bewegte und mühselige Leben in der Wildniß eben so wenig Antheil zu haben schien, als an den einzelnen Silberfäden, die sich durch sein blondes Haar zogen. Seine ziemlich gewählte Kleidung war ein Mittelding zwischen der Tracht der weißen Trapper und derjenigen der mexikanischen gampusinos, indessen erkannte man ihn, troß seiner sonngebräunten und verwitterten Farbe, als einen Ausländer und zwar einen Europäer.

Nachdem er einen letzten zufriedenen Blick auf sein Pferd geworfen, das zuweilen in seiner Mahlzeit inne hielt und den schlanken, klugen Kopf aufrichtete, um ihn vergnügt anzublicken, trug er seine Waffen und das Pferdegeschirr, welches er auf die Schultern geladen hatte, an den Fuß eines hohen Felsen, der nur einen nothbürftigen Schutz gegen den nächtlichen Sturm bot, und schickte sich an, trocknes Holz zu einem Wachfeuer zu sammeln.

Es war keine leichte Aufgabe, an einem von Bäumen fast ganz entblößten Orte, der, mit Ausnahme der Waldlichtung, mit einer gleichmäßigen Schneedecke überzogen war, trocknes Holz zu finden. Der Reisende besaß aber Geduld genug, um sich nicht abschrecken zu lassen, und nach Verlauf einer Stunde war es ihm gelungen, doppelt so viel Holz zusammen zu tragen, als nöthig war, um das Feuer zu unterhalten, was er anbrennen wollte.

Bald knisterte die Flamme empor und loderte lustig gen Himmel.

„So," sagte der Reisende, welcher, gleich allen

Menschen, die ein einsames Leben führen, die Gewohn=
heit angenommen zu haben schien, sich laut mit sich
selbst zu unterhalten, „jetzt haben wir Feuer, nun gilt
es die Mahlzeit zu bereiten."

Hierauf durchsuchte er die alforjas oder Doppel=
Taschen, welche die Jäger beständig an ihrem Sattel
tragen, und holte alle Bestandtheile einer einfachen
Mahlzeit daraus hervor.

Die Vorräthe bestanden aus cecina, pennekann
und mehreren Ellen tasajo, oder an der Sonne
gedörrtes Fleisch.

In dem Augenblicke, wo der Reisende, nachdem
er die alforjas wieder geschlossen, aufblickte und sich
anschickte, das Fleisch auf die glühenden Kohlen zu legen,
um es rösten zu lassen, blieb er mit offenem Munde
unbeweglich stehen, und es gelang ihm nur mit Auf=
bietung seiner ganzen Willenskraft, einen Schrei der
Ueberraschung, oder wohl gar des Schreckens, zu unter=
drücken.

Es stand nämlich plötzlich, und ohne daß ein
Geräusch seine Nähe verrathen hätte, ein Mann vor
ihm, der sich auf seine lange Büchse lehnte und ihn
mit der größten Aufmerksamkeit betrachtete.

Der Reisende gewann schnell seine Fassung wieder,
legte behutsam sein tasajo auf die Gluth, und langte
dann, ohne seinen seltsamen Besucher aus den Augen
zu verlieren, nach seiner Büchse, indem er im gleich=
müthigsten Tone sagte:

„Seid mir willkommen, Kamerad, ob Freund, ob Feind, die Nacht ist rauh, wärmt Euch, wenn Euch friert, und eßt, wenn Euch hungert; sobald Ihr Euch ausgeruht und gekräftigt habt, wollen wir offen und ehrlich mit einander reden, wie es rechtschaffenen Männern ziemt."

Der Unbekannte schwieg eine Zeit lang. Nachdem er endlich wiederholt den Kopf geschüttelt, murmelte er in leisem, traurigem Tone, als ob er, statt zu antworten, mit sich selbst spräche:

„Giebt es denn wirklich menschliche Wesen, in deren Herzen das Mitleiden nicht ganz erstorben ist?"

„Probirt es immerhin, Kamerad," entgegnete der Reisende, „indem Ihr mein aufrichtiges Anerbieten ohne Umstände annehmt. Wenn sich zwei Menschen in der Wildniß begegnen, sollen sie sich sofort als Brüder betrachten, wenn sie nicht besondere Gründe haben, sich feindlich gesinnt zu sein. Laßt euch neben mir nieder und eßt!"

Das Gespräch wurde spanisch geführt, welche Sprache der Unbekannte so geläufig redete, daß man an seiner mexikanischen Abstammung nicht zweifeln konnte.

Er schien eine Zeit lang mit sich zu Rathe zu gehen, ehe er entschlossen sagte:

„Ich schlage ein; denn Eure Stimme klingt zu einnehmend und Euer Blick ist zu offen, als daß die Arglist in Eurem Herzen wohnen könnte."

„Das heiße ich vernünftig reden," entgegnete

der Jäger aufgeräumt; „wir wollen uns also unge= säumt niederlassen und essen, denn ich muß gestehen, daß ich sehr hungrig bin."

Der Unbekannte lächelte trübe, und sank neben dem Reisenden auf den Boden.

Die beiden Tischgenossen, welche ein seltsamer Zufall zu einander geführt hatte, sprachen den Speisen mit einem Eifer zu, welcher verrieth, wie lange sie gefastet hatten.

Der Reisende unterließ indessen nicht, seinen sonder= baren Gefährten während des Essens zu beobachten.

Das Ergebniß seiner Musterung war folgendes:

Die ganze Erscheinung des Unbekannten war im höchsten Grade elend, die zerlumpten Kleider bedeckten die knochigen, abgezehrten Glieder nur mangelhaft; seine kranken, schlaffen Züge erschienen durch den dichten, wirren Bart, der bis auf die Brust reichte, noch ge= spenstischer, während in den, mit dunklen Rändern umgebenen, fieberhaft glänzenden Augen ein düsteres Feuer glühte, das zuweilen Blitze zu schleudern schien. Seine Waffen befanden sich in einem eben so schlechten Zustande, wie seine Kleider, so daß jener Mann für den Fall, daß es zu einem Kampfe gekommen wäre, kein gefährlicher Gegner für den Jäger gewesen sein würde, obwohl seine körperlichen Kräfte einst bedeutend gewesen sein mußten, jetzt aber durch Krankheit und die härtesten Entbehrungen untergraben zu sein schienen.

Trotz der wahrhaft jammervollen Außenseite des

Unbekannten verrieth sein Wesen doch eine edle Natur, welche der Gram gebrochen hatte. Seine ganze Er= scheinung hatte einen Anstrich von Seelengröße und Herzensgüte, der Jedermann nicht nur mit Theilnahme, sondern sogar mit Ehrfurcht vor einem Unglücke erfüllte, was mit so viel Stolz und Würde getragen wurde. Kurz, ehe jener Mann so tief gesunken, mußte er sich sowohl im Guten, als vielleicht auch im Bösen hervor= gethan haben; jedenfalls hatte sein Wesen nichts All= tägliches und ein edles Herz schlug in seinem Busen.

Das war der Eindruck, welchen der Unbekannte auf seinen Wirth machte, während beide nach langer, strenger Enthaltsamkeit ihren Hunger stillten.

Die Jägermahlzeiten pflegen kurz zu sein, und auch gegenwärtig tafelten unsere beiden Tischgenossen kaum eine Viertelstunde. Nach beendetem Mahle drehte der Reisende eine Cigarette, und reichte sie dem Unbekannten indem er fragte:

„Raucht Ihr?"

Bei dieser einfachen Frage trug sich etwas Selt= sames zu, was nur diejenigen begreifen werden, welche an den Tabak gewöhnt waren, und sich den Genuß desselben aus irgend einem Grunde längere Zeit versagt haben. Das Gesicht des Unbekannten leuchtete plötzlich vor innerer Bewegung auf, sein mattes Auge blitzte, und er griff mit krampfhafter Hast nach der Cigarette indem er mit erstickter Stimme und einem unaussprechlich glücklichen Ausdrucke sagte:

„Ja, ach ja! sonst habe ich geraucht."

Es entstand eine ziemlich lange Pause.

Die beiden Männer bliesen schweigend den Rauch ihrer Cigaretten von sich, und schienen gänzlich in ihre eigenen Betrachtungen versunken zu sein.

Ueber ihnen brauste unterdessen der Sturm hinweg, dichte Schneemassen häuften sich um sie her und in den Schluchten der Berge klagte der Wiederhall; es war mit einem Worte eine schreckliche Nacht. Außerhalb des hellen Kreises, den das flackernde Wachtfeuer er= leuchtete, war Alles in Nacht gehüllt. Die beiden Männer, welche in Mitten der Wildniß, beim phantastischen Scheine der bläulichen Flamme ihres Feuers beisammen saßen, und, gewissermaßen über einem Abgrunde schwebend, sorglos ihre Cigaretten rauchten, während die entfesselten Elemente ihr Spiel trieben, boten einen eben so ergreifenden als unbeschreiblich seltsamen Anblick.

Als der Reisende seine Cigarette beendet hatte, drehte er eine zweite, setzte den Tabak zwischen sich und seinen Gast und sagte in freundlichem Tone:

„Jetzt, wo das Eis zwischen uns Beiden gebrochen ist, und wir so leiblich Bekanntschaft mit einander ge= macht haben, da wir an demselben Feuer gesessen, und zusammen gegessen und getrunken, scheint mir der Zeit= punkt gekommen zu sein, wo wir uns vollständig gegen einander aussprechen sollten."

Der Fremde nickte stumm mit dem Kopfe, was

eben so gut eine zusagende als eine ablehnende Antwort
sein konnte.

Der Jäger fuhr mit heiterem Lächeln fort:

„Ich bin weit entfernt, Euch veranlassen zu wollen,
mir Eure Geheimnisse zu entdecken, es steht Euch im
Gegentheile vollkommen frei, Euer Inkognito zu be=
wahren, wenn Ihr wollt, ohne daß ich es im Geringsten
übel nehme. Indessen müßt Ihr mir gestatten, Euch
auf alle Fälle das Beispiel der Offenheit zu geben,
indem ich Euch sage, wer ich bin. Meine Geschichte ist
nicht lang, sondern in wenigen Worten zusammenzu=
fassen. Frankreich ist mein Vaterland, ich bin in Paris
geboren," fuhr er mit einem erstickten Seufzer fort, „das
ich wahrscheinlich nie wiedersehen werde; aus Gründen,
welche hier zu erörtern zu weitläufig sein, und die
Euch überdies wahrscheinlich nur wenig interessiren
würden, begab ich mich nach Amerika. Wahrscheinlich
wollte der Zufall, oder die Vorsehung, als sie mich in
die Wildniß führte, und den Durst und das Verlangen
nach Freiheit in mir erweckte, einen Waldläufer aus
mir machen, und ich habe ihrem Willen gehorcht. Ich
durchstreife bereits seit zwanzig Jahren die Prairieen
und weiten Steppen, und werde wahrscheinlich damit
fortfahren bis eine indianische Kugel hinter irgend einem
Busche hervorfliegt und meiner Laufbahn ein Ende
macht. Die Städte sind mir verhaßt; ich bin ein so
leidenschaftlicher Bewunderer der erhabenen Natur,
welche den Geist läutert, und das Geschöpf dem Schöpfer

näher bringt, daß ich beschlossen habe, mich nur noch
ein Mal in das Chaos der Civilisation zu stürzen, um
ein Gelübbe zu erfüllen, welches ich auf dem Grabe
eines Freundes abgelegt. Dann flüchte ich mich in die
unwegsamste Wildniß, um mein Leben, das fortan kein
Ziel mehr hat, fern von jenen Menschen zu beschließen,
deren kleinliche Leidenschaften und niedriger, schändlicher
Haß mir den bescheidenen Antheil Glück geraubt hat,
welchen ich beanspruchen zu dürfen glaubte. Jetzt kennt
Ihr mich eben so gut als ich selbst, Kamerad; schließlich
will ich nur noch hinzufügen, daß ich unter den Weißen,
meinen Landsleuten, Valentin Guillois genannt werde,
während ich unter den Rothhäuten, meinen Adoptiv=
vätern, Koutonepi oder der Tapfere heiße. Ich glaube
so gut und wacker zu sein, als es der unvollkommenen
menschlichen Natur möglich ist; nie habe ich vorsätzlich
etwas Böses gethan, sondern bin meinen Nebenmen=
schen nützlich gewesen, so oft ich konnte, ohne auf Dank=
sagungen noch Erkenntlichkeit zu rechnen."

Diese Selbstvertheidigung, welche der Jäger in
jenem hellen Tone und mit dem sorglosen Ausdrucke,
welcher ihm eigen war, begonnen hatte, rief schmerzliche
Erinnerungen in ihm wach, so daß er die letzten Worte
flüsternd und tonlos sprach und endlich gar mit einem
Seufzer, der fast wie ein Schluchzen klang, den Kopf
traurig auf die Brust sinken ließ.

Der Unbekannte betrachtete ihn eine Zeitlang mit
innigem Mitleiden, und sagte dann:

„Ihr habt gelitten, sowohl in der Liebe, als in der Freundschaft; und Eure Geschichte ist diejenige aller Menschen: wer von uns hätte seinen Muth nicht im Laufe seines Lebens unter dem Drucke des Kummers ein Mal sinken sehen? Ihr steht allein, habt keinen Freund, sondern lebt, von Allen verlassen, in einer freiwilligen Verbannung, fern von den Menschen, die Euch nur Haß und Verachtung einflößen, und zieht die Gesellschaft der wilden Thiere dem Umgange mit Eures Gleichen vor, weil erstere Euch weniger grausam erscheinen, wie der Mensch, aber Ihr lebt wenigstens, während ich gestorben bin!"

Der Jäger schaute schnell auf und warf seinem Gefährten einen verwunderten Blick zu.

„Ihr haltet mich für wahnwitzig, nicht wahr?" fuhr Jener mit einem schwermüthigen Lächeln fort, „beruhigt Euch, dem ist nicht so, ich bin vollkommen bei Besinnung, mein Kopf ist kühl, meine Gedanken klar und vernünftig, aber, wie gesagt, ich bin gestorben, bin für meine Verwandten, Freunde, ja die ganze Welt todt und verdammt, mein elendes Dasein fort und fort zu schleppen. Meine Lebensgeschichte ist seltsam genug, und Ihr würdet dieselbe sofort errathen, wenn Ihr ein geborner Mexikaner wäret, oder wenigstens gewisse Landstriche von Mexiko durchreist hättet."

„Habe ich Euch nicht gesagt, daß ich Amerika seit länger als zwanzig Jahren nach allen Richtungen durchstreife?" entgegnete der Jäger, dessen Neugierde auf das Lebhafteste erwacht war; „könnt ihr mir Euer Geheimniß nicht entdecken? Wie lautet die Lösung des Räthsels?“

„Ich brauche Euch nur den Namen zu nennen, welchen ich trug, als ich noch lebte.“

„Wie lautet jener Name?“

„Obwohl derselbe eine gewisse Berühmtheit erlangt hatte, bezweifle ich doch, daß Ihr Euch darauf besinnt, wenn Ihr ihn auch zufällig solltet haben nennen hören.“

„Wer weiß? Vielleicht irrt Ihr Euch darin.“

„Nun denn, so erfahrt denn, da Ihr es durchaus wissen wollt, daß man mich Martial el Tigrero nannte.“

„Ihr?“ rief der Jäger auf das Höchste erstaunt aus, „das ist ja nicht möglich!“

„Natürlich nicht, weil ich todt bin,“ entgegnete Jener bitter.

II.

Der lebendige Todte.

Der Tigrero hatte den Kopf wieder auf die Brust sinken lassen, und schien in düstere Betrachtungen vertieft zu sein.

Der Jäger, welcher nicht wußte, was er von der seltsamen Unterhaltung denken sollte, und doch wünschte, dieselbe wieder anzuknüpfen, schürte zerstreut das Feuer mit der Klinge seiner navaja, indessen seine Blicke umherschweiften und zuweilen mit unverkennbarer Theilnahme auf seinem Gefährten ruhten.

„Verzeiht mir, Senor," sagte er nach einer Weile, indem er mit dem Fuße etliche glühende Kohlen, die bis zu ihm hingerollt waren, wieder in das Feuer stieß, „wenn meine eben ausgesprochene Bemerkung etwas Verletzendes für Euch enthielt; ich versichere Euch, daß Ihr den Sinn meiner Worte mißverstanden habt. Obwohl wir uns noch nie gesehen, stehen wir einander doch nicht so gänzlich fremd gegenüber, wie Ihr zu glauben scheint; schon seit langer Zeit kenne ich Euch."

Der Tigrero schaute auf und warf dem Jäger einen ungläubigen Blick zu.

„Ihr?" murmelte er.

„Ja, ich, Caballero, und es wird mir nicht schwer fallen, es Euch zu beweisen."

„Wozu? Was kann mir daran liegen, von Euch gekannt zu sein oder nicht."

„Bester Herr," entgegnete der Franzose kopfschüttelnd, „geschieht doch auf der Welt Nichts zufällig; seid versichert, daß ein höherer Geist die Schicksale der Menschen lenkt. Derselbe hatte, indem er uns so unerwartet und auf so seltsame Weise zusammenführt, jedenfalls Zwecke, welche wir nicht zu durchschauen ver-

mögen. Widersetzen wir uns daher nicht dem göttlichen
Willen, denn was er beschlossen hat, muß geschehen.
Wer weiß, ob mich die Vorsehung nicht in der Absicht
zu Euch geschickt hat, um Euch einen letzten Trost zu
spenden, oder Euch in den Stand zu setzen, eine Rache
auszuüben, die Euch bisher unmöglich schien, trotzdem
Ihr seit langer Zeit danach trachtet."

„Ich versichere Euch wiederholt, Senor," antwortete
der Tigrero, „daß Ihr redet wie ein großherziger,
tapferer Mann, und ich fühle mich unwillkürlich zu
Euch hingezogen. Auch mich will es bedünken, als ob
es kein leerer Zufall wäre, der mich, nach so langer,
in Kummer und Sorgen verlebter Einsamkeit, einem
Manne von Eurem Schlage zuführt, sondern daß Ihr
mir, wenn Ihr Euch überzeugt habt, daß es mir allein
unmöglich ist, mich aus der schrecklichen Lage, in der
ich mich befinde, und die mich zur Verzweiflung, ja fast
zum Selbstmorde getrieben hat, zu reißen, die biedere
Hand als Freund reichen werdet; Ihr könnt mich daher
getrost ausfragen, ich will mit der größten Offenheit
antworten."

„Ich danke Euch für diese Worte," antwortete der
Jäger bewegt, „ich ersehe aus denselben, daß wir
anfangen, uns zu verständigen, und hoffe, daß es bald
keine Geheimnisse mehr zwischen uns geben werde. Vor
allen Dingen muß ich euch aber mittheilen, wie es kommt,
daß ich Euch bereits so lange kenne, ohne daß Ihr eine
Ahnung davon gehabt."

„Redet, Senor, ich höre Euch mit der ungetheiltesten Aufmerksamkeit zu."

Valentin bedachte sich eine Zeit lang, worauf er fortfuhr, wie folgt:

„Vor einigen Monaten habt Ihr in der französischen Colonie Quetzatli unter Umständen, die zu erörtern überflüssig ist, da sie Eurem Gedächtnisse noch gegenwärtig sein werden, einen Franzosen und einen kanadischen Jäger getroffen, mit welchen Ihr in der Folge auf ziemlich vertrautem Fuße verkehrt habt."

„Allerdings," antwortete der Tigrero fieberhaft bewegt. „Der Franzose, von welchem Ihr sprecht, war der Graf von Prébois-Crancé. Ach, nie werde ich ihm vergelten können, was er an mir gethan, denn er hat mir die wesentlichsten Dienste geleistet."

Ein trübes Lächeln umspielte die bleichen Lippen des Jägers.

„Eure Schuld ist getilgt," entgegnete er mit traurigem Kopfnicken.

„Was wollt Ihr damit sagen?" rief der Tigrero lebhaft aus, „sollte der Graf gestorben sein?"

„Er ist allerdings todt, Caballero, ist an der Küste von Guaymas ermordet worden, seine Henker haben ihm ein blutiges Grab bereitet, und sein edles, schändlich vergossenes Blut schreit um Rache. Nur Geduld! Gott wird ein so fluchwürdiges Verbrechen nicht ungestraft hingehen lassen."

Bei diesen Worten wischte sich der Jäger die

Thränen aus den Augen, die ihm bei der Erwähnung des Grafen über die Wangen rollten, und fuhr in dumpfem, bewegtem Tone folgendermaßen fort:

„Lassen wir aber die trüben Erinnerungen auf dem Grunde unserer Herzen ruhen. Der Graf war mein Freund, mein bester Freund, der mir näher stand, wie ein Bruder. Er hat mir oft von Euch erzählt, mir wiederholt Eure merkwürdigen Schicksale mitgetheilt, deren Schluß eine so erschütternde Katastrophe bilden sollte."

„Ja, in der That," murmelte der Tigrero, „es war wirklich eine furchtbare Katastrophe; wie gern hätte ich in jenem Abgrunde sterben mögen, in welchen ich gestürzt war, während ich mit dem schwarzen Bären rang, um diejenige zu retten, welche ich liebte! Aber Gott hat es anders beschlossen, gelobt sei sein heiliger Name!"

„Amen," fügte der Jäger mit abgewandtem Gesichte und in traurigem Tone hinzu.

„Ach," fuhr Martial, nach einer Weile fort, „jetzt regen sich die Erinnerungen in mir; es ist mir als ob ein Nebel, der mein Gedächtniß umhüllte, jetzt anfange, sich zu zertheilen und mir Ereignisse zurückriefe, die zwar einst sehr tiefen Eindruck auf mich gemacht haben, aber längst vorüber sind. Auch ich erkenne Euch jetzt. Ihr seid der französische Jäger, welchen der Graf in der Wildniß wieder zu finden hoffte, doch bezeichnete er Euch mit keinem der von Euch angeführten Namen."

„Allerdings," entgegnete Valentin, „wahrscheinlich hat er mich den **Fährtenſucher** genannt, denn unter dieſem Namen kennt man mich bei den weißen Jägern und den Indianern des fernen Weſtens."

„Ganz recht, jetzt erinnere ich mich deutlich, daß er Euch ſo nannte; Ihr habt mit Recht behauptet, daß wir uns längſt gekannt, ohne uns je geſehen zu haben." •

„Da wir uns hier in dieſer Einöde treffen," antwortete der Jäger, indem er ſeinem Gefährten die Hand reichte, „und uns das Gedächtniß eines abgeſchiedenen Freundes verbindet, ſo frage ich Euch, ob Ihr mein Freund ſein wollt?"

„Nicht Freunde wollen wir ſein," entgegnete der Tigrero mit Wärme, indem er die biedere Hand des Jägers herzlich drückte, „nicht Freunde wollen wir einander werden, ſondern Brüder."

„Ja wohl, Brüder für einander, mit einander, gegen und Angeſichts Aller!" antwortete der Jäger: „Und nun, nachdem Ihr die Ueberzeugung gewonnen, daß mich nicht die Neugierde treibt, Euch zu fragen, was Euch ſeit dem Augenblicke begegnet iſt, wo Ihr ſo unerwartet von Euren Freunden getrennt wurdet, redet, Don Martial, ich höre. Dann will ich Euch auch ſagen, in welcher Abſicht ich hier in der öden Gegend umherirre."

Der Tigrero bedachte ſich eine Weile, worauf er ſeine Erzählung folgendermaßen begann:

2*

„Meine Freunde mußten mich für todt halten, weshalb ich ihnen verzeihe, daß sie mich verließen, obwohl sie es vielleicht etwas vorschnell thaten, ohne vorher zu versuchen, meine Leiche wieder zu finden, oder sich überzeugt zu haben, daß ich wirklich todt und ihres Beistandes nicht bedürftig wäre. Ich weiß aber natürlich nicht, was nach meinem Sturze in der Höhle geschehen ist, und erst später habe ich aus der Zahl der Leichen, welche das Schlachtfeld bedeckten, geschlossen, daß sie einen hartnäckigen Kampf zu bestehen gehabt, vielleicht gar vor den Indianern flüchten mußten. Daher versichere ich wiederholt, daß ich ihnen nicht zürne. Es ist Euch bekannt, daß mich der schwarze Bär in dem Augenblicke anfiel, wo ich Diejenigen gerettet zu haben wähnte, die ich zu schützen gelobt. Dicht am Rande des Abgrundes entspann sich der entscheidende Kampf zwischen dem schwarzen Bären und mir. Wir hielten uns wie Schlangen umfaßt, und in dem Augenblicke, wo es mir fast gelungen war, meinen verzweifelten Gegner zu überwinden und ich den Arm erhob, um ihm die Kehle abzuschneiden, ertönte plötzlich das Kriegsgeschrei der Comanchen vor dem Eingange der Höhle. Der Apachen=Häuptling wußte sich durch eine letzte Anstrengung zu befreien; er sprang mit einem Satze auf und eilte auf Dona Anita zu, vermuthlich in der Absicht mit ihr zu entfliehen, da er seine Rache wegen der unverhofften Hülfe, die wir erhalten, nicht befriedigen konnte. Diese stieß ihn aber mit der Kraft der Ver=

zweiflung von sich, und suchte Schutz bei ihrem Vater.
Der Häuptling, welchen bereits zwei Schüsse gefährlich
verwundet hatten, taumelte zurück, gerieth an den Rand
des Abgrundes und verlor das Gleichgewicht. Er fühlte,
daß er hinabrollte, und breitete, vielleicht unwillkürlich,
aus angebornem Selbsterhaltungstriebe, vielleicht auch
von seinem Haß dazu getrieben, die Arme aus,
klammerte sich an mich an, wie ich eben vom über=
standenen Kampfe noch halb betäubt, aufstehen wollte,
und riß mich mit sich in den Abgrund. Wir stürzten
hinunter, während mein Feind ein triumphi=
rendes Gelächter aufschlug und ich einen Schrei der
Verzweiflung ausstieß. Verzeiht, daß ich Euch den
Schluß des Kampfes so umständlich mittheile; doch bin
ich gezwungen, so ausführlich zu werden, um Euch den
wunderbaren Zufall desto anschaulicher zu machen, der
meine Rettung herbeiführen sollte, da ich mich bereits
für verloren hielt."

„Weiter, weiter," sagte der Jäger, „ich höre Euch
mit der gespanntesten Aufmerksamkeit zu."

Don Martial fuhr fort:

„Der Indianer war sehr schwer verwundet. Die
letzte verzweifelte Anstrengung, welche er mit Auf=
bietung seiner ganzen Kraft gewagt, hatte ihm das
Leben gekostet. Ich wurde von einer Leiche in den
Abgrund gezogen, denn während der kurzen Dauer
unseres Falles that er keine Bewegung. Der Ab=
grund war nicht so tief, wie ich geglaubt, denn er maß

höchstens zwanzig bis fünfundzwanzig Fuß. Die Wände
desselben waren mit Pflanzen und Gräsern überwachsen,
welche unter unserer Last zwar nachgaben, unseren Fall
aber etwas aufhielten. Der Häuptling berührte den
Boden des Abgrundes zuerst; ich fiel auf seinen Körper,
wodurch die Gewalt des Sturzes gedämpft wurde, ob=
wohl derselbe noch heftig genug war, mich meiner
Besinnung zu berauben. Es ist mir nicht möglich, zu
bestimmen, wie lange ich in diesem leblosen Zustande
dagelegen habe, doch vermuthe ich, nach späteren Be=
rechnungen, welche ich anstellte, daß meine Ohnmacht
wenigstens zwei Stunden dauerte. Ein Gefühl von
Kälte brachte mich wieder zur Besinnung. Als ich die
Augen aufschlug, befand ich mich in der vollkommensten
Finsterniß. Im ersten Augenblicke hatte ich keine Er=
innerung, weder von der Lage, in welcher ich mich be=
fand, noch von den Ereignissen, die mich in dieselbe
versetzt hatten. Nach und nach kehrte indessen mein
Gedächtniß zurück, meine Gedanken ordneten sich, meine
Vorstellungen wurden klarer, und ich war nur darauf
bedacht, mich so schnell wie möglich aus dem Abgrunde
zu retten, in welchem ich mich befand. Ich litt namen=
lose Qualen; mein Sturz hatte mir, wenn auch keine
schwere Verletzung, doch zahlreiche Quetschungen ver=
ursacht; ich war so arg mitgenommen, daß mir die ge=
ringste Bewegung die größten Schmerzen machte. Unter
solchen Umständen mußte ich mich in Geduld fassen; es
wäre Thorheit gewesen, bei so gänzlich erschöpften

Kräften zu versuchen, an den Wänden des Abgrundes
emporzuklettern; ich ergab mich daher darein, zu warten.
Die undurchbringliche Dunkelheit, welche mich umgab,
machte mir wenig Sorge, indem ich alles Nöthige bei
mir führte, um Feuer zu machen. Nach Verlauf
weniger Minuten hatte ich Licht. Jetzt blickte ich mich
um, ich lag auf dem Boden einer trichterförmigen
Schlucht, und der Umstand, daß sich die Wände der=
selben nach unten verengerten, hatte wesentlich dazu bei=
getragen, die Heftigkeit meines Falles zu hemmen.
Meine Füße und Beine steckten fast bis an die Kniee
im Wasser eines unterirdischen Flusses, während ich
mit dem Oberkörper auf der Leiche des Indianers ruhte.
Der Boden des Abgrundes, auf welchem ich lag, maß
kaum zehn Metres im Geviert; vermittelst meiner
Fackel überzeugte ich mich, daß die Wände desselben,
welche vollständig mit Pflanzen und Gesträpp über=
wachsen waren, sich ganz allmälig herabsenkten und
nicht schwer zu erklettern sein würden, sobald ich wieder
im Besitze meiner Kräfte wäre. Augenblicklich durfte
ich aber nicht daran denken, den Versuch zu machen; ich
fügte mich mit Fassung in die bittere Nothwendigkeit,
und obwohl ich wegen des Schicksales der Freunde,
welche ich in der Höhle zurückgelassen hatte, sehr in
Sorgen war, beschloß ich doch einige Stunden zu
warten, ehe ich einen Versuch zu meiner Rettung wagte.
So verweilte ich ziemlich zwanzig Stunden auf dem
Boden des Abgrundes, ohne andere Gesellschaft, als die

Leiche meines Feindes. Während meiner Streifzüge durch die Wildniß hatte ich mich häufig in einer verzweifelten Lage befunden; doch kann ich den Himmel zum Zeugen anrufen, daß ich mich noch nie so vollständig verlassen und der göttlichen Gnade anheim gegeben gefühlt hatte, wie jetzt. So fürchterlich meine Lage auch war, überließ ich mich doch nicht der Verzweiflung. Ich hatte mich überzeugt, daß ich, trotz der entsetzlichen Schmerzen, welche ich litt, im ungeschmälerten Besitze aller meiner Glieder sei, und mich nur in Geduld zu fassen brauche. Als ich mich hinreichend erholt zu haben glaubte, zündete ich zwei Fackeln an, welche ich in den Boden des Abgrundes steckte, um mich genügend orientiren zu können, warf meine Büchse, die mit mir in den Abgrund gefallen war, über die Schulter, nahm meine navaja zwischen die Zähne, klammerte mich mit verzweifelter Anstrengung an das Gestrüpp und begann hinauf zu klettern. Ich übergehe die zahllosen Schwierigkeiten, welche ich zu überwinden hatte, so wie die unglaublichen Anstrengungen meiner gelähmten Glieder, deren es bedurfte, um fast unüberwindliche Hindernisse zu übersteigen, genug, daß ich nach etwa anderthalbstündiger Arbeit, zu welcher ich alle Kräfte aufbot, die nur die Hoffnung auf baldige Rettung einem verzweifelten Manne verleihen kann, endlich den Rand des Abgrundes erreichte. Ich verfiel, nachdem ich den Boden der Höhle betreten hatte, in eine abermalige, halbstündige Schwäche und streckte mich entkräftet,

athemlos und unfähig, mich zu bewegen, des Ge=
sichtes, Gehöres, mit einem Wote des Bewußt=
seins meiner entsetzlichen Lage beraubt, auf den
Sand. Zu meinem Glück hielt dieser Zustand der
Erstarrung nicht gar zu lange an; die frische Luft,
welche durch die Gänge der Höhle zu mir gelangte,
belebte mich wieder und weckte meine schlummernden
Geisteskräfte. Rings um mich her war der Boden
mit Leichen bedeckt, der Kampf zwischen den Nothhäuten
und Weißen mußte sehr erbittert gewesen sein. Ver=
gebens suchte ich nach den Leichen Anita's, und ihres
Vaters; ich athmete auf und schöpfte nun Hoffnung.
So durfte ich glauben, daß ich kein vergebliches Opfer
gebracht und daß diejenigen, für welche ich es gebracht,
lebten, gerettet seien, ich sie daher wiedersehen würde.
Diese Vorstellung verlieh mir frischen Muth und machte
mich zu einem neuen Menschen; ich stand ohne zu große
Beschwerde auf und schlug, auf meine Büchse gestützt,
den Weg nach dem Eingange der Höhle ein, nachdem
ich darauf bedacht gewesen, mich mit frischem Mundvor=
rathe und zwei Hörnern mit Pulver zu versehen, die
ich aus der Proviantkammer nahm, welche ich früher
angelegt, und die zu leeren meine Freunde jedenfalls
vergessen hatten. Keine Worte vermögen die Empfind=
ungen zu schildern, welche mich bestürmten, als ich nach
langer, mühevoller Wanderung endlich an den Eingang
der Höhle gelangte, und die Ufer des Stromes und
das Licht der Sonne wieder erblickte. Nur, wer sich,

wie ich, in einer verzweifelten Lage befunden, wird begreifen, daß ich vor Freuden laut aufschrie, als mir der erquickende Sonnenschein wieder entgegenstrahlte und ich die balsamische Luft der Steppe in tiefen Athemzügen einsog. Fast unwillkürlich sank ich, dem Drange meines Herzens folgend, auf die Kniee, faltete fromm die Hände und betete zu Demjenigen, der mich gerettet, und der allein die Macht hatte, es zu thun. Ich bin überzeugt, daß mein Schutzengel jenen Erguß eines übervollen Herzens, jene ungekünstelten Worte des tiefsten Dankgefühles zu dem Höchsten emporgetragen hat. Der Stand der Sonne belehrte mich, daß es ohngefähr um zwei Uhr nach Mittag sein mochte. Um mich herrschte die tiefste Stille; die Prairie war, soweit das Auge reichte, vollkommen einsam. Sowohl die Indianer als die Bleichgesichter waren verschwunden; ich war allein, allein mit Gott, der mich, nach einer so wunderbaren Rettung, gewiß nicht verlassen würde. Ehe ich meine Wanderung antrat, stärkte ich mich durch etwas Nahrung, deren meine erschöpften Kräfte dringend bedurften. Zu der Zeit, wo ich mit Don Sylva de Torrès und seiner Tochter eine Zuflucht in der Höhle suchte, hatte ich unsere Pferde im Walde versteckt, und sie dort nebst dem Futter, welches wir bei uns führten, in einer Lichtung verlassen, die nicht gar weit entfernt war. Die ausgezeichnete Klugheit jener edlen Thiere war mir zu gut bekannt, um mich glauben zu lassen, daß sie davon gelaufen wären. Im

Gegentheil war ich überzeugt, daß ich sie an derselben
Stelle wiederfinden würde, wenn sie nicht von Jägern
fortgeführt worden wären. Ein Pferd war mir unent=
behrlich, denn ein unberittener Mensch ist in der Wild=
niß verloren; ich beschloß daher auf Entdeckung aus=
zugehen. Die lange Rast, welche ich mir gegönnt, hatte
mich so gestärkt, daß ich unbedenklich auf den Wald
zuschritt. Auf meinen zweiten Ruf entstand ein ziem=
lich heftiges Geräusch im Gebüsche, die Zweige theilten
sich, und ich sah mein Pferd lustig auf mich zu springen,
und bald schmiegte es seinen klugen Kopf an meine
Schultern. Ich erwiederte die Liebkosungen des treuen
Gefährten meiner abenteuerlichen Kreuz= und Querzüge
mit Wärme und kehrte nach der Höhle zurück, wo ich
Sattel und Zaum gelassen hatte. Eine Stunde später
sprengte ich auf meinem wackeren Renner in der
Richtung der Niederlassungen davon. Der Zustand von
Schwäche und Kraftlosigkeit, in welchem ich mich noch
befand, zwang mich, langsam zu reisen. Bei meiner
Ankunft in Sonora brachte mich eine erschütternde Nach=
richt, welche ich dort erhielt, fast um den Verstand: nicht
nur Don Sylva de Torrès, sondern wahrscheinlich auch
seine Tochter, war im Kampfe gegen die Apachen ge=
tödtet worden, wenigstens konnte, oder wollte mir
Niemand Auskunft über sie ertheilen. Ich schwebte
einen Monat lang am Rande des Grabes; Gott hatte
indessen in seiner Weisheit beschlossen, daß ich auch
dieses Mal davonkommen sollte. Kaum war ich einiger=

maßen hergestellt, so schleppte ich mich nach der Wohnung
des Mannes, der allein im Stande war, mir über das,
was ich zu wissen verlangte, sichere und genügende Aus=
kunft zu geben. Jener Mann behauptete, mich nicht
zu kennen, obwohl ich jahrelang häufig und freund=
schaftlich mit ihm verkehrt hatte. Als ich ihm meinen
Namen nannte, lachte er mir in's Gesicht, und als ich
bringender wurde, ließ er mich durch seine Peonen
fortjagen, nachdem er mich geschmäht und mir vor=
geworfen hatte, daß ich von Sinnen oder ein Betrüger
wäre, indem Martial le Tigrero gestorben sei. Ich
entfernte mich voll Groll und Verzweiflung. Auch
alle anderen Freunde, welche ich aufsuchte, schienen sich
verabredet zu haben, mich nicht zu kennen; denn die
Nachricht von meinem Tode hatte bereits Verbreitung
und unbedingten Glauben bei ihnen gefunden. Alle
Mühe, die ich mir gab, um den verderblichen Wahn zu be=
kämpfen und die Unrichtigkeit jener Annahme zu be=
weisen, war vergebens. Es lag im Vortheile einer zu
großen Anzahl von Personen sich nicht überzeugen zu
lassen, denn ich hatte ein bedeutendes Vermögen und
dann vermuthe ich, daß man Denjenigen nicht beleidigen
wollte, an den ich mich zuerst gewendet, und welcher der
letzte noch lebende Sprosse der Familie Torrès war, und
vermöge seiner hohen geselligen Stellung eines großen
Ansehens sich erfreute. Was soll ich weiter sagen, mein
Freund? Voll Abscheu über die vorsetzliche Falschheit
und Undankbarkeit Derjenigen, mit welchen ich in Be=

rührung kam, verließ ich bie Stabt enttäuscht unb ge=
brochenen Herzens, stieg wieber auf mein Pferb unb
kehrte in bie Wilbniß zurück, wo ich vorzugsweise bie
entlegensten unb unwegsamsten Orte, bie ödesten Stellen
aufsuchte, um meine Verzweiflung zu vergraben unb bes
Augenblickes zu harren, wo ber Kelch meiner Leiben voll
sein unb mich Gott zu sich bescheiben werbe.

Nach biesen Worten schwieg ber Tigrero unb
senkte niebergeschlagen ben Kopf auf bie Brust.

„Bruber," bemerkte Valentin in sanftem Tone,
inbem er bie Schulter seines Gefährten berührte, um
bie Aufmerksamkeit besselben zu erwecken, „Ihr habt
vergessen, mir jenen einflußreichen Mann zu nennen,
ber Euch, nachbem er Euch einen Betrüger geschimpft,
burch seine Leute hat fortjagen lassen."

„Ganz recht," entgegnete Martial, „er heißt Don
Sebastian Guerrero, unb ist Militair=Gouverneur ber
Provinz Sonora."

Der Jäger sprang plötzlich mit einem Freubenschrei
auf.

„Dankt Gott, Don Martial!" rief er aus, „benn
es ist seine Fügung, bie uns hier in biesen Bergen zu=
sammen führt, bamit bie Strafe bes Schulbigen voll=
stänbig werbe."

III.

Das Bündniß.

Don Martial blickte den Jäger verwundert an.

„Was wollt Ihr damit sagen?" fragte er, „ich verstehe Euch nicht."

„Bald werdet Ihr mich verstehen, Freund," entgegnete Valentin.

„Seit wie lange irrt Ihr in dieser Gegend umher?"

„Seit beinahe zwei Monaten."

„In dem Falle ist Euch jedenfalls die Bergkette bekannt, in deren Mitte wir uns befinden?"

„Ich kenne jeden Baum, jeden Felsen, jeden, von den wilden Thieren gebahnten Pfad genau; denn ich bin allenthalben umhergestreift."

„Schön; sind wir von der Stelle, welche man das Fort der Chichimeken nennt, noch weit entfernt?"

Der Tigrero bedachte sich eine Weile.

„Ihr wißt doch, welche Indianer dieses Gebirge bewohnen?" fragte er endlich.

„Ja; es sind arme Teufel, welche sich untereinander Wurzelesser nennen, während ihnen die Trapper und Jäger den Namen der Erbarmungswürdigen geben. Es sind, wie ich glaube, furchtsame, scheue, harmlose Geschöpfe, eine unvollkommene Art Menschen, bei welchen die thierischen Triebe den Geist ertödtet haben; ich wiederhole übrigens nur, was man mir er= zählt hat, denn es ist mir noch keiner jener armen Teufel zu Gesicht gekommen."

„Man hat Euch über sie ganz recht berichtet, denn Ihr schildert sie ganz treu; ich bin ihnen häufig begegnet und habe über den Grab der Versunkenheit geseufzt, in welche jene Unglücklichen gerathen sind."

„Mit Eurer Erlaubniß gestatte ich mir die Be= merkung, daß ich nicht recht einsehe, in welchem Zu= sammenhange jenes entartete Volk mit der Auskunft steht, die ich von Euch erwarte."

„Im allerinnigsten; Ihr seid der erste Mensch meiner eigenen Farbe, mit welchem ich mich, seitdem ich in diesem Gebirge umherirre, entschlossen habe, in nähere Berührung zu treten. Die Wurzelesser besitzen weder eine Geschichte, noch eine Tradition; ihr Leben verstreicht mit Essen, Trinken und Schlafen; sie haben mir keinen der großartigen Felsenkegel nennen können, die uns umgeben, ich werde daher, obwohl ich den von Euch bezeichneten Ort jedenfalls kenne, denselben kaum genau zu bezeichnen vermögen, wenn Ihr mir ihn nicht anders andeuten könnt, als Ihr es jetzt gethan habt."

„Das ist ganz richtig; indessen wird es mir, da ich zum ersten Male hierherkomme, keineswegs leicht fallen, Euch einen Ort, welchen ich nicht kenne, genau zu beschreiben; doch will ich es versuchen. Es befindet sich, wie ich glaube, unfern von hier eine Straße, welche dies Felsengebirge schräg durchschneidet, und welche von den amerikanischen Freistaaten nach Santa-Fé führt; jene Straße muß sich an einer bestimmten Stelle mit einer anderen kreuzen, welche von Californien aus in gerader Richtung in dieselbe mündet."

„Die Straßen, von welchen Ihr sprecht, sind mir genau bekannt; die Caravanen der Auswanderer, Gold-gräber und Jäger benutzen dieselben, wenn sie nach Californien ziehen, oder von dort zurückkehren."

„Gut. An der Stelle, wo sich beide Straßen kreuzen, bilden sie einen ziemlich breiten Hohlweg, den übereinander gethürmte Felsen, die sich zu einer be-deutenden Höhe erheben, von allen Seiten einschließen. Ist Euch jener Ort bekannt?"

„Ja," antwortete der Tigrero.

„Wohlan! Etwa zwei Büchsenschüsse von jener Stelle entfernt, befindet sich ein Pfad, der sich west-süd-westlich von den Abhängen der Berge hinzieht; jener Pfad ist anfangs so schmal, daß ein Pferd kaum Platz auf demselben hat, er erweitert sich aber später zu einer Art Esplanade oder Terrasse, von welcher aus man eine ausgedehnte Fernsicht überschaut, und an deren Rändern sich die Ueberreste einer rohen Brustwehr leicht erkennen lassen; jene Terrasse ist es eben, welche man das Fort der Chichimeken nennt; doch kann ich nicht sagen, aus welchem Grunde."

„Ich bin über den Punkt nicht besser unterrichtet, wie Ihr; obwohl ich Euch jetzt mit Gewißheit versichern

kann, daß ich die Stelle kenne, welche Ihr meint, denn
ich habe häufig mein Nachtlager dort aufgeschlagen,
wenn mich eine stürmische Nacht in der Nähe überraschte,
weil eine, von Menschenhand in den Felsen gehauene,
in mehrere Kammern getheilte Höhle, deren Schlupf=
winkel ich sämmtlich kenne, daselbst während der ent=
setzlichen Orkane, die zu gewissen Zeiten in dieser Gegend
wüthen, willkommenen Schutz bietet."

„Das Vorhandensein einer solchen Höhle war mir
unbekannt!" rief der Jäger erfreut aus, „und ich bin
Euch für die Mittheilung dankbar; dieselbe wird mir
zur Ausführung der Pläne, welche ich im Sinne habe,
sehr nützlich sein. Sind wir sehr weit entfernt von dem
Platze?"

„Ein Vogel würde ihn im Fluge in kaum zwei
Stunden erreichen, und wenn es hell wäre, könnte ich
ihn Euch von hier aus zeigen; da wir aber einen
Bogen machen müssen, um auf die Caravanenstraße zu
gelangen, welche uns allein nach jener Terrasse führen
kann, so haben wir etwa drei Stunden Wegs vor uns."

„Das ist meine geringste Sorge; ich fürchtete aber,
mich in diesen Bergen, die ich nicht kenne, verirrt zu
haben, und freue mich, zu hören, daß mich meine lang=
jährige Erfahrung auch dieses Mal nicht betrogen hat
und sich meine Jägerwitterung bewährt."

Bei diesen Worten war der Franzose aufgestanden,
um die Waldlichtung zu recognosciren. Der Sturm
hatte aufgehört, der Wind die Wolken verjagt; am

tiefblauen Himmel glänzten hell die Sterne und der
Mond beschien die Gegend mit seinem matten Lichte, das
den riesigen Schatten, die sich auf der weißen, unabsehbaren
Schneedecke aufzeichneten, ein gespenstisches Ansehen verlieh.

„Es ist eine prachtvolle Nacht," bemerkte der Jäger,
nachdem er den Himmel eine Zeit lang aufmerksam ge=
mustert hatte. „Es wird um die erste Stunde nach
Mitternacht sein, ich habe nicht die geringste Lust zu
schlafen; seid Ihr müde?"

„Ich bin niemals müde," entgegnete der Tigrero
lächelnd.

„Schön, dann seid Ihr ein echter Waldläufer,
wie ich; was meint Ihr zu einem Spaziergange bei
dem köstlichen Mondscheine?"

„Ich bin der Meinung, daß nächst einer guten
Mahlzeit und einer anregenden Unterhaltung Nichts das
Gleichgewicht zwischen Leib und Seele besser herzustellen
vermag, als ein nächtlicher Spaziergang an der Seite
eines Freundes."

„Bravo! Das heiße ich reden; da aber jeder ver=
nünftige Spaziergang ein Ziel haben muß, so wollen
wir, wenn es Euch recht ist, bis zu dem Fort der
Chichimeken gehen."

„Ich war im Begriffe, Euch denselben Vorschlag
zu machen, und unterwegs könnt Ihr mir erzählen,
welcher wichtige Grund Euch bewogen hat, diese unbe=
kannte Gegend aufzusuchen, und worin der Plan besteht,
von welchem Ihr bereits gesprochen habt."

„Was das betrifft," antwortete der Jäger mit vielsagendem Lächeln, „so kann ich Euch nicht dienen, wenigstens nicht für jetzt, ich will Euch die Freude der Ueberraschung nicht verkümmern; seid aber unbesorgt, ich werde Euere Geduld auf keine allzuharte Probe stellen."

„Thut, wie es Euch das Beste dünkt, ich schenke Euch das unbedingteste Vertrauen; ist es eine Vorahnung oder verleitet mich meine Zuneigung zu Euch zu dem Glauben, kurz ich bin fest überzeugt, daß Ihr, wenn Ihr Eure Geschäfte besorgt, zugleich auch mein Bestes fördern werdet."

„Ihr seid der Wahrheit näher, als Ihr vielleicht selbst denkt, seid daher guten Muthes, Bruder!"

„Die glückliche Begegnung der heutigen Nacht hat einen ganz anderen Menschen aus mir gemacht," sagte der Tigrero aufstehend.

Der Jäger legte die Hand auf die Schulter seines Freundes und sagte:

„Halt! noch einen Augenblick Geduld, ehe wir die Lagerstelle verlassen, an welcher wir uns so unverhofft getroffen haben. Wir wollen uns, um allen künftigen Mißverständnißen vorzubeugen, zuvor recht innig mit einander verbrüdern."

„Wohlan," antwortete Don Martial, „so laßt uns ein Bündniß auf indianische Art schließen, und wehe demjenigen von uns Beiden, der dasselbe bricht."

„Gut gesprochen, Freund!" Bei diesen Worten zog der Jäger seine navaja aus dem Gürtel, reichte es seinem Gefährten und sagte, „möchte Euch die Waffe, ebenso wie mir, dazu dienen, jedes Unrecht zu rächen, welches Euch oder mir widerfährt."

„Ich nehme das Messer an, indem ich den Himmel zum Zeugen anrufe, daß meine Gesinnung aufrichtig ist. Nehmt das meinige dagegen, so wie die Hälfte meines Pulver= und Kugelvorrathes, Bruder."

„Ich nehme Eure Gabe als mein Eigenthum ent= gegen, hier habt Ihr die Hälfte meiner Munition dafür. Niemals können wir, von nun an, auf einander schießen, es herrscht zwischen uns die innigste Gemeinschaft; Eure Freunde sollen die meinigen sein, nennt mir aber auch Eure Feinde, damit ich Euch behülflich sein kann, Rache an ihnen zu nehmen; mein Pferd ist das Eurige."

„Das meinige gehört Euch, ich werde es in wenigen Augenblicken zu Euerer Verfügung stellen."

Hierauf sprachen beide Männer, Einer auf den Anderen gestützt, Hand in Hand, die Blicke gen Himmel gerichtet und den rechten Arm ausgestreckt haltend, zu gleicher Zeit folgende Worte:

„Ich nehme Gott zum Zeugen, daß ich den Mann, dessen Hand ich in der meinigen halte, aus freiem An= triebe und mit aufrichtiger Gesinnung zum Freunde und Bruder erwähle. In Allem, was er von mir fordern wird, will ich ihm, ohne Belohnung dafür zu erwarten, behülflich sein, will sowohl bei Tage als bei Nacht seinem ersten Winke bereitwillig folgen, und un= bedenklich selbst mein Leben opfern, wenn er es fordern

follte. Das gelobe ich vor Gott, der mich fieht und
meinen Schwur hört; möge er mir feinen Beiftand
verleihen, in Allem, was ich unternehme, und mich be=
ftrafen, wenn ich meinen Eid brechen follte."

Die einfache Handlung, welche die beiden kräftigen
Männer beim matten Schein des Mondes, in Mitten
der unerforschten Einöde, fern von der Gefellfchaft der
Menfchen, ohne andere Zeugen, als Gott, begingen, und
welche der Ausbruck des unbedingten Vertrauens und
zugleich ein Schutz= und Trutzbündniß gegen die ge=
fammte Menfchheit war, hatte etwas Feierliches und
Erhabenes.

Nachdem fie die Eidesformel gefprochen, küßten fie
fich gegenfeitig auf den Mund, umarmten fich und
drückten fich die Hand, worauf Valentin fagte:

"Und jetzt laß uns aufbrechen, Bruder, ich ver=
traue Dir, wie mir felbft, es wird uns gewiß gelingen
über unfere Feinde zu fiegen, und fie in diefelbe Ver=
zweiflung zu ftürzen, die fie uns bereitet haben."

"Warte zehn Minuten auf mich, Bruder, mein
Pferd ift hier in der Nähe verfteckt."

"Geh'; ich werde unterdeffen das meinige fatteln,
denn es gehört Dir."

Don Martial entfernte fich rafch und Valentin
blieb allein.

"Diefes Mal," murmelte Letzterer in fich hinein,
"hoffe ich endlich den Mann gefunden zu haben, welchen
ich fuchte, und den zu finden ich verzweifelte. Ich kann

nun mit ihm, Curumilla und Fröhlich den Kampf wagen,
denn nun darf ich mit Gewißheit glauben, daß ich
weder verlassen, noch schändlich an den Feind ver=
rathen werde, welchen ich bekämpfen will."

Während der Jäger gewohntermaßen dieses laute
Selbstgespräch hielt, hatte er sein Pferd mit dem Lasso
eingefangen, und war eifrig damit beschäftigt es zu
satteln und zu zäumen, als der Tigrero auf einem
prächtigen schwarzen Pferde in die Lichtung sprengte.

Don Martial stieg ab.

„Hier bringe ich Dir Dein Pferd, Freund,"
sagte er.

„Und hier steht das Deinige," antwortete Valentin.

Nach geschehenem Tausche saßen beide Männer
auf und verließen die Stelle, an welcher sie sich so
unverhofft begegnet waren.

Der Tigrero hatte wahr gesprochen, als er ver=
sicherte, daß eine Verwandlung mit ihm vorgegangen
sei, und er ein anderer Mensch geworden wäre. Seine
Züge hatten die frühere steinerne Starrheit verloren,
seine Augen leuchteten, und glühten nicht mehr wie im
Fieber. Obwohl sein Blick noch etwas Stieres hatte,
war der Ausdruck desselben doch weit offener und
namentlich wohlwollender wie früher. Er saß straff
und aufrecht im Sattel, kurz er schien zehn Jahre
jünger geworden zu sein.

Dem aufmerksamen Blicke des Franzosen war
eine so unverhoffte Veränderung nicht entgangen, und er

wünschte sich innerlich Glück zu der Heilung eines kranken Gemüthes, das den edlen Geist der Verzweiflung und dem Untergange Preis gegeben hatte.

Die Nacht war, wie früher schon erwähnt wurde, wunderschön. Für ein Paar Männer, welche wie unsere Reisenden daran gewöhnt waren, die Wildniß zu allen Stunden zu durchstreifen, war die nächtliche Wanderung vielmehr eine Erholung, als eine Anstrengung. Unter wechselnden Gesprächen über gleichgültige Gegenstände, namentlich die Jagd, das Trappen und die Streifzüge gegen die Indianer, welche drei Punkte stets Interesse für Waldläufer haben, ritten sie neben einander her, und kamen dem Ziele ihrer Reise rasch näher.

„Höre, lieber Freund," bemerkte Valentin plötzlich, „ich muß Dich darauf vorbereiten, daß wir, vorausgesetzt, daß wir uns nicht irren, und wirklich den rechten Weg nach dem Fort der Chichimeken eingeschlagen haben, wahrscheinlich mehrere Personen dort treffen werden. Es sind Freunde, welche ich dahin bestellt habe, und die ich Dir vorstellen werde. Dieselben haben aus Gründen, welche Du bald erfahren sollst, einen anderen Weg gewählt, wie ich, und werden meiner wahrscheinlich an dem bewußten Orte schon harren."

„Es kümmert mich wenig, wer die Männer sind, welche wir am Orte der Zusammenkunft antreffen werden, wenn es Freunde sind, wie Du sagst," antwortete der Tigrero, „die Hauptsache ist, daß wir den rechten Weg verfolgen."

„Was den Punkt betrifft, so erlaube ich mir kein Urtheil. Es ist das erste Mal, daß ich mich in das Felsengebirge wage, und wird hoffentlich auch das letzte Mal sein. Ich überlasse mich daher blindlings Deiner Leitung."

„Ich werde mein Möglichstes thun, obwohl ich nicht mit Gewißheit versprechen kann, daß ich Dich genau dahin bringen werde, wo Du hinzukommen wünschst."

„Bah!" entgegnete der Jäger lächelnd, „in Gottes Namen! Es werden schwerlich zwei ganz ähnliche Orte, wie der, welchen ich Dir geschildert habe, hier in der Nähe sein, so malerisch und wild die Gegend auch ist; es wäre daher eine ganz ausgesuchte Schicksalstücke, wenn wir fehl gingen."

„Wir werden übrigens bald erfahren, woran wir sind," erwiderte der Tigrero, „denn in höchstens einer halben Stunde müssen wir da sein."

Die Sterne fingen bereits an, an der dunklen Himmelskuppel zu erbleichen, am Horizonte zeigten sich breite, weißliche Streifen, welche abwechselnd in allen Farben des Regenbogens schimmerten. Die Gegenstände rings umher nahmen beim wechselnden Scheine der Morgendämmerung ein deutlicheres, aber duftigeres Ansehen an.

Die beiden Abenteurer hatten vor Kurzem die Kreuzung der Straßen betreten, und einen ziemlich schmalen Pfad eingeschlagen, der sich in zahllosen Wind=

ungen an den Abhängen der Felſen emporwand, welche
zuweilen über ſchwindelnden Abgründen hingen. Die
Reiter gaben es auf, ihre Pferde zu lenken, ſondern,
im Vertrauen auf den untrüglichen Inſtinkt derſelben,
ließen ſie die Zügel ſchlaff hängen, um ihnen die volle
Freiheit der Bewegung zu laſſen, eine Vorſichtsmaßregel,
die man den Reiſenden in ähnlichen Fällen nicht genug
empfehlen kann.

Plötzlich flammte ein Lichtſtrahl am Horizonte auf
und erhellte die Landſchaft, die Sonne ging ſtrahlend
und in blendendem Glanze auf. Hinter den Reiſenden
dämmerte noch die Dunkelheit der Nacht, als bereits
der helle Tag auf den beſchneiten Gipfeln der Berge
glühte.

„Endlich wird es hell,“ bemerkte der Jäger;
„hoffentlich werden wir nun das Fort der Chichimeken
bald erblicken.“

„Sieh in gerader Richtung vor Dich, dort über
dem zackigen Gipfel jener Felſen wirſt Du die Terraſſe,
nach welcher ich Dich führe, erkennen.“

Der Jäger hielt ſein Pferd an, denn er fühlte
ſich vom Schwindel erfaßt, und einer Ohnmacht nahe.
In einer Entfernung von kaum zwei Kilometer erblickte
er eine geräumige Felsplatte vor ſich, von welcher ihn
ein ſchwindelnder Abgrund trennte. Die Felſenplatte
hing in Geſtalt eines voladero über. In Folge einer
der furchtbaren Waſſerfluthen, wie ſie in jenem Land=
ſtriche nur zu häufig ſind, war nämlich der Fuß des

Felsen gänzlich unterwaschen, während die Kuppe desselben
unversehrt geblieben, und sich durch ein unbegreifliches
Wunder im Gleichgewicht über einer Thalschlucht erhielt,
über welche sie weit hinaus ragte. Es war ein An=
blick, der Grauen und Bewunderung zugleich erweckte.

„Ich glaube, bei Gott, daß ich mich gefürchtet
habe," murmelte der Jäger, „denn unwillkürlich zitter=
ten mir alle Glieder; hu! ich mag nicht länger hin=
sehen, vorwärts, lieber Freund!"

Sie setzten ihre Reise fort, indem sie fortwährend
den immer zahlreicheren Biegungen des Bergpfades
folgten, und nach Verlauf einer halben Stunde betraten
sie die Terrasse.

„Wir sind an Ort und Stelle!" rief der Jäger
aus, indem er auf die verglimmenden Ueberreste eines
Wachfeuers deutete.

„Wo sind aber Deine Freunde?" fragte der
Tigrero.

„Hast Du mir nicht gesagt, daß eine Höhle in
der Nähe wäre?"

„Allerdings."

„Wahrscheinlich haben sie sich in derselben auf die
Lauer gelegt, als sie uns kommen hörten."

„Das wäre möglich."

„Es verhält sich wirklich so, sieh selbst."

Der Jäger drückte jetzt seine Flinte ab.

Beim Knallen des Schusses zeigten sich plötzlich drei
Männer, ohne daß man begreifen konnte, woher sie kamen.

Die drei Männer waren Fröhlich, der schwarze Hirsch und Adlerhaupt.

~~~~~~~~~~

IV.

Die Reisenden.

Wir müssen jetzt Valentin Guillois und seine Freunde auf der Terrasse des Forts der Chichimeken verlassen, wo wir sie jedoch bald wieder aufzusuchen gedenken, um andere Personen zu erwähnen, welche berufen sind, in der Erzählung, die wir dem Leser vorzutragen übernommen haben, eine wichtige Rolle zu spielen.

Ohngefähr fünf bis sechs englische Meilen von der Stelle, wo sich Valentin Guillois und der Tigrero getroffen hatten, schlug eine etwa zehn Köpfe starke Karavane ihr Nachtlager fast in dem nämlichen Augenblicke auf, wie der Jäger, und hatte dazu ein enges, dicht mit Gebüsch bewachsenes und vor dem Winde gänzlich geschütztes Thal ausersehen.

Die Gesellschaft hatte sich am Rande eines Baches behaglich niedergelassen, man hatte die Maulthiere ab-

geladen, ein Zelt aufgeschlagen, Feuer angezündet, und
nachdem die Thiere ausgepflöckt worden, waren die
Reisenden zu den Vorbereitungen ihrer Abendmahlzeit
geschritten.

Einer jener Reisenden schien der vornehmsten Klasse
der Gesellschaft anzugehören, während die Uebrigen nur
Diener und indianische Peonen waren.

Jener Mann war zwar auf das Einfachste ge=
kleidet; doch verrieth sein steifes Wesen, sein würdevoller
Gang und seine hochmüthige Miene hinreichend einen
Mann, der längst gewöhnt gewesen, seinen Willen für
maßgebend zu halten, und weder die Möglichkeit einer
Weigerung, noch der geringsten Saumseligkeit, ihm zu
dienen, annahm.

Der Reisende war ein hoher Fünfziger; sein Wuchs
hoch und ebenmäßig, und seine Bewegungen trugen das
Gepräge der höchsten Eleganz. Seine breite Stirne,
seine großen schwarzen Augen, sein kurz geschnittenes
Haar und langer, grau gesprenkelter Schnurrbart gaben
ihm ein militärisches Ansehen, was seine kurze, abge=
rissene Redeweise zu bestätigen schien. Trotzdem er sich
bemühte, eine gewisse Freundlichkeit zur Schau zu
tragen, vergaß er sich doch häufig, und man errieth ohne
Mühe, daß die bescheidene Tracht eines mexikanischen
gampusino nur eine Maske sei.

Jener Mann hatte es vorgezogen, sich, statt das
für ihn bereit stehende Zelt zu benutzen, neben die

Peonen, die ihm bereitwillig mit schlecht verhehlter Ehr=
erbietung Platz machten, an das Feuer zu setzen.

Unter den Letzteren zeichneten sich zwei besonders
aus; der eine war eine Rothhaut, der andere ein
Halbindianer, mit schlauen Augen, spöttischer Miene
und einem einschmeichelnden, unterwürfigen Wesen, der
sich aus dem einen oder anderen Grunde gewisser Vor=
rechte bei seinem Herrn erfreute. Seine Kameraden,
oder vielmehr Gefährten, nannten ihn No Carnero, und
legten ihm zuweilen den Titel eines capataz bei.

No Carnero war der Schöngeist der Gesellschaft,
der Spaßmacher, der stets Stoff zum Lachen und
Scherzen fand, fortwährend eine Cigarette rauchte, und
einer fürchterlichen Guitarre die schrecklichsten Töne ent=
lockte, der aber wahrscheinlich unter der leichtfertigen
Maske einen ernsteren Sinn und durchbringenderen
Verstand verbarg, als ihm gerathen schien, zu zeigen.

Die Rothhaut bildete den grellsten Contrast mit
dem capataz. Es war ein langer, hagerer, dürrer Mann,
mit spitzen Zügen und ernster, finsterer Miene, aus
welcher ein Paar schwarze, tief eingesunkene Augen
blitzten, deren unsteter Blick einen seltsamen Ausdruck
hatte. Seine gebogene Nase, sein großer, mit breiten,
blendend weißen Zähnen versehener Mund und seine
dünnen, zusammengekniffenen Lippen verliehen ihm keine
sehr gewinnende Physiognomie, während die Wortkarg=
heit des Mannes, der nur dann sprach, wenn er dazu
gezwungen wurde, den ungünstigen Eindruck seines Ge=

sichtes noch erhöhte. Es war bei ihm, wie bei den Indianern überhaupt, sehr schwer, sein Alter zu be= stimmen, denn sein Haar war rabenschwarz, und die pergamentartige Haut ohne Runzeln; er schien übrigens ungewöhnliche Kräfte zu besitzen.

Er hatte sich in Santa=Fé als Führer bei der Karavane verdungen, und, abgesehen von seiner Ein= sylbigkeit, hatte man ihm, seit dem Beginn der Reise, keinen Vorwurf über die Art, wie er sein Amt versah, zu machen, im Gegentheil entwickelte er große Gewandtheit in seinem Geschäfte.

Die Peonen nannten ihn entweder den Indianer, oder auch José, ein Spottname, mit welchem man in Mexiko die mansos=Indianer bezeichnet; die Rothhaut schien aber gegen den Hohn eben so unempfindlich zu sein, wie gegen den Beifall, und fuhr gelassen fort, die übernommene Pflicht zu erfüllen.

Nach eingenommener Mahlzeit, als Jedermann seine Pfeife oder Cigarette angezündet hatte, wandte sich der Gebieter zu dem capataz und sagte:

„Versäume nicht, Carnero, Wachen auszustellen: denn, obwohl wir hier in der entlegenen Gegend, und bei dem entsetzlichen Wetter schwerlich von Pferdedieben belästigt werden dürften, kann man doch die Vorsicht nie zu weit treiben."

„Es sind bereits zwei Leute von mir beauftragt worden, mi amo," antwortete der capataz, „überdies

denke ich selbst während der Nacht von Zeit zu Zeit
die Runde zu machen."

"Höre ein Mal, José," fuhr er, zu dem Indianer
gewendet, fort, "bist Du gewiß, daß Du Dich nicht
geirrt hast? Hast Du in der That eine Fährte auf=
gespürt?"

Die Rothhaut zuckte verächtlich die Achseln, und
fuhr gelassen fort zu rauchen.

"Weißt Du, welchem Indianerstamme Derjenige
angehören mag, von welchem die Fährte herrührt, die
Du entdeckt hast?" fragte der Gebieter.

Der Indianer nickte bejahend.

"Ist es ein gefährlicher Stamm?"

"Raben," antwortete die Rothhaut in dumpfem
Tone.

"Caraï, wenn es Raben sind, so thun wir wohl,
auf unserer Hut zu sein; es sind die schlauesten Spitz=
buben des Felsengebirges."

"Bah!" hohnlachte Carnero, "glaubt doch dem
Manne nicht, der Mezkal ist ihm in den Kopf gestiegen,
und er will sich gern wichtig thun; diese Indianer sind
so lügenhaft wie alte Weiber."

Das Auge des Indianers blitzte plötzlich auf und
glühte unheimlich in seiner Höhle. Er nahm, ohne ein
Wort zu sagen einen Mockſen von seiner Brust, und
warf ihn so geschickt nach dem capataz, daß er denselben
gerade in's Gesicht traf.

Der Halbindianer, welchen die unvermuthete Be=

leidigung von der Seite eines Mannes, der sich gegen
Schmähungen bisher passiv und unempfindlich gezeigt hatte,
in den heftigsten Zorn versetzte, stieß einen Schrei der
Wuth aus, und eilte mit gezücktem Messer auf den
Indianer zu.

Letzterem war aber keine der Bewegungen seines
Gegners entgangen, er wich daher dem verzweifelten
Angriffe des capataz geschickt aus, richtete sich dann
rasch auf, packte Letzteren beim Gürtel, hob ihn so leicht
vom Boden, als ob derselbe ein Kind gewesen wäre,
und warf ihn Mitten in's Feuer hinein, wo er ihn
schreiend vor Schmerz und ohnmächtiger Wuth zappeln
ließ.

Als es dem capataz endlich gelungen war, halb
versenkt aus der Gluth zu kriechen, dachte er nicht
daran, seinen Angriff zu wiederholen, sondern er setzte
sich, dumpf vor sich hinmurrend, hin, indem er seinem
Feinde giftige Blicke zuwarf, gleich einem Spitz, den
eine Dogge gezüchtigt hat.

Der Gebieter wohnte dem Vorgange mit dem
unerschütterlichsten Gleichmuthe bei und begnügte sich
einfach damit, den Mockfen aufzuheben und zu be=
trachten.

„Der Indianer hat Recht,“ bemerkte er kalt, „der
Mockfen ist mit dem Abzeichen des Stammes der
Raben versehen; du mußt Dich nothgedrungen zufrieden
geben, mein armer Carnero; denn obwohl ich gern

zugebe, daß Du hart gezüchtigt worden, war die Strafe
doch unbedingt eine wohlverdiente."

Die Rothhaut rauchte wieder so gleichmüthig, als
als ob Nichts geschehen wäre.

"Der Hund mit dem falschen Gesichte soll mir
dafür büßen," entgegnete der capataz dumpf auf die
Ermahnung seines Herrn; "ich will kein Mensch heißen,
wenn ich nicht jenen Raben die Leiche Desjenigen zur
Speise hinwerfe, der dieselbe so gut aufzuspüren weiß."

"Höre, mein Junge," hohnlachte der Gebieter,
"vergiß lieber die Geschichte, so sehr Dein Selbstgefühl
auch darunter leiden mag; denn meiner Ueberzeugung
nach, kannst Du Nichts dabei gewinnen, wenn Du von
Neuem Händel anfängst."

Der capataz schwieg und schaute sich im Kreise
um, ob nicht Einer da wäre, an welchem er seine Wuth
strafloser auslassen könne; die Peonen hüteten sich aber,
ihm die geringste Veranlassung zu geben, und saßen
Alle mit ernster Miene da. Hierauf stand er mit ver-
drießlichem Gesichte auf, winkte zwei Männern, ihm zu
folgen und verließ die Gesellschaft brummend.

Der Herr der Caravane blieb eine Zeit lang, in
ernste Betrachtungen vertieft, sitzen, dann zog er sich
in sein Zelt zurück, dessen Vorhang er hinter sich
niederfallen ließ; die Peonen legten sich einer nach dem
Anderen auf den Boden, streckten die Füße an das
Feuer, hüllten sich fest in ihre Zarapés und schliefen ein.

Der Indianer nahm jetzt sein Pfeifenrohr aus

dem Munde, warf einen forschenden Blick um sich, klopfte die Asche seiner Pfeife über dem Nagel des Daumens aus, steckte dieselbe in den Gürtel und stand mit gelangweilter Miene auf, um langsamen Schrittes zu einem Baume hinzugehen, unter welchen er sich hinkauerte, nachdem er sich gegen die empfindlich kalte Nachtluft mit seinem Bisampelze verwahrt hatte, dessen Schutz die Temperatur wünschenswerth, wenn auch nicht unentbehrlich machte.

Bald lagen, außer den unbeweglich auf ihre Gewehre gestützt da stehenden Schildwachen, sämmtliche Reisende im tiefsten Schlafe, denn trotz des, seinem Gebieter gegebenen Versprechens, hatte sich selbst der capataz quer vor den Eingang des Zeltes gestreckt.

Während einer vollen Stunde wurde die Ruhe im Lager durch Nichts gestört.

Plötzlich trug sich etwas Seltsames zu; der Bisam= pelz des Indianers hob sich leise und unmerklich, bis das Gesicht der Rothhaut sichtbar wurde, dessen Augen durch die Dunkelheit blitzten. Nach einer Weile richtete sich der Führer behutsam am Stamme des Baumes empor, unter welchem er lag, umfaßte denselben mit den Armen und Beinen, und wand sich mit schlangen= artiger Bewegung am Baume hinauf, bis er hinter den belaubten Aesten desselben verschwand.

Der Kletterer führte seine Bewegung so behutsam und mit so kluger Berechnung aus, daß ihn nicht das kleinste Geräusch verrieth; überdies hatte der unter dem

Baume zurückgelassene Bisampelz die Gestalt des
Schläfers so gut bewahrt, daß, wer denselben nicht be=
rührte, unmöglich ahnen konnte, daß ihn Letzterer ver=
laffen habe.

Nachdem sich der Führer hinter dem dichten Laube
hinreichend verborgen hatte, verhielt er sich eine Zeit
lang ruhig, nicht um Athem zu schöpfen und sich von
der überstandenen Arbeit auszuruhen, denn die eisernen
Muskeln jenes Manues kannten keine Müdigkeit, sondern
weil er sich wahrscheinlich orientiren wollte, denn er
streckte den Oberkörper vor, und während er die Luft
in langen Zügen einsog, schienen seine Blicke die
Finsterniß durchdringen zu wollen.

Ehe der Führer den Baum, auf welchem er sich jetzt
versteckt hielt, zum Lagerplatze erwählte, hatte er sich
überzeugt, daß derselbe nicht nur sehr hoch und dicht
belaubt, sondern auch ohngefähr von zwei Dritttheilen
seiner Höhe an mit anderen dicht daneben stehenden
Bäumen verzweigt war, die sich allmälig am Abhange
des Berges hinaufzogen und das Thal mit einer grünen
Mauer einfaßten.

Nach kurzem Bedenken zog der Führer seinen
Gürtel fester, nahm sein Messer zwischen die Zähne,
und begann mit einer Sicherheit und Behendigkeit, welche
dem Affengeschlechte Ehre gemacht haben würde, von
Ast zu Ast zu springen, und sich mit Hülfe der Arme
und der Schlinggewächse, an welche er sich anklammerte,
von einem Baume auf den anderen zu schwingen, wie

ein Gespenst, das durch die Nacht schwebt, und vor
welchem die Vögel erschrocken aufflattern.

Während etwa drei Viertel Stunden setzte er die
seltsame Wanderung auf diese Weise fort; endlich hielt
der Führer inne, blickte sich aufmerksam um und ließ
sich längs des Baumes, welchen er zuletzt erreichte, auf
die Erde gleiten.

Er befand sich jetzt in einer geräumigen Lichtung,
in deren Mitte ein gewaltiges Feuer loderte, an welchem
sich vierzig bis fünfzig kriegsmäßig gerüstete und be=
waffnete Rothhäute wärmten. Seltsamer Weise führte
aber die Mehrzahl jener Indianer statt der langen
Lanzen und der Bogen, deren sie sich gewöhnlich be=
dienen, Flinten von amerikanischer Arbeit bei sich, wor=
aus man schließen durfte, daß es auserlesene Krieger
und die Helden ihres Stammes seien. Die zahlreichen
Wolfsschwänze, welche ihre Fersen zierten, und die nur
berühmte Krieger zu tragen berechtigt sind, bestätigten
diese Vermuthung übrigens genügend.

Jene Abtheilung Rothhäute mußte sich ferner auf
dem Kriegspfade befinden, oder wenigstens ein wichtiges
Unternehmen vorhaben, denn sie waren weder von
Frauen noch von Hunden begleitet.

Trotzdem sich die Indianer während der Nacht nur
mangelhaft bewachen lassen, verrieth doch die furchtlose
und ungezwungene Weise, mit welcher der Führer unter
sie trat, daß er erwartet werde, denn die Krieger zeigten
sich bei seinem Anblicke nicht überrascht, sondern luden

ihn im Gegentheile mit gaſtfreundlicher Geberde ein, ſich neben ihnen am Feuer nieder zu laſſen.

Der Führer kauerte ſich ſchweigend nieder und be= gann das Calumet zu rauchen, welches ihm der neben ihm ſitzende Häuptling ſofort angeboten hatte.

Letzterer war ein noch junger Mann, deſſen charakteriſtiſche Züge zugleich Keckheit und die größte Schlauheit verriethen.

Nach Verlauf einer geraumen Zeit, welche man dem Gaſte vermuthlich abſichtlich gönnte, um ſich zu wärmen und auszuruhen, verneigte ſich der junge Häupt= ling vor ihm, und redete ihn mit ehrerbietiger Miene folgendermaßen an:

„Mein Vater iſt willkommen unter ſeinen Söhnen," welche ihn mit Ungeduld erwarteten.

Der Führer verzog, als Entgegnung auf dieſen Gruß, das Geſicht, wahrſcheinlich in der Abſicht zu lächeln.

Der Häuptling fuhr fort:

„Unſere Kundſchafter haben das Lager der yorris (Spanier) genau gemuſtert, die Krieger des Spöt= ters ſind bereit, den Inſtructionen zu folgen, welche ihnen der große Sachem Adlerkopf durch einen quipos hat zukommen laſſen. Iſt mein Vater Curumilla zu= frieden mit ſeinen rothen Söhnen?"

Curumilla, denn der Führer war kein Anderer, als jener alte Bekannte des Leſers, neigte den Kopf, indem er die rechte Hand auf die Bruſt legte und ſtieß

den gurgelnden Laut: „Hoogh!" vor, welcher bei ihm
die Aeußerung der größten Freude war.

Der Spötter und seine Krieger kannten Curumilla
lange genug, um sich nicht über seine Einsilbigkeit zu
wundern; sie fügten sich daher willig in seine Eigen=
heit, indem sie kluger Weise darauf verzichteten, ihm
Worte zu entlocken, und ihre Unterhaltung mit ihm in
der Zeichensprache führten.

Wir haben bereits in einem früheren Werke Ge=
legenheit gefunden zu erwähnen, daß die Rothhäute sich
zweierlei Sprechweise, der Worte und der Zeichen, be=
dienen; die letztere, in welcher sie es zu einer bedeuten=
den Fertigkeit gebracht haben, und die Alle verstehen,
findet am Häufigsten während der Jagd, oder solcher
Unternehmungen Anwendung, wo selbst das leiseste ge=
sprochene Wort dem Feinde, sei es Mensch oder Thier,
den man verfolgt und überfallen will, einen Hinterhalt
verrathen könnte.

Es würde für einen Fremden, welcher der gegen=
wärtigen Unterhaltung beigewohnt hätte, eben so
interessant als belustigend gewesen sein, zu sehen, mit
welcher Schnelligkeit die abenteuerlichen Gestalten, die
beim phantastischen Scheine des Feuers in der Dunkel=
heit der Nacht mit ihren grimmigen Gesichtern, selt=
samen Geberden und wunderlichen Stellungen einer
Versammlung von Höllengeistern glichen, ihre Zeichen
mit einander austauschten. Zuweilen hielt der Spötter,
mit vorgebeugtem Leibe und pathetischer Mimik eine

stumme Ansprache, welcher seine Gefährten mit der ge=
spanntesten Aufmerksamkeit folgten, und die sie mit einer
Geschwindigkeit beantworteten, die keine Worte über=
treffen konnten.

Endlich war die stumme Berathung zu Ende;
Curumilla deutete mit emporgehobener Hand auf die
Sterne, welche am Himmel zu erlöschen begannen, und
verließ den Kreis.

Die Rothhäute begleiteten ihn ehrerbietig bis an
den Fuß des Baumes, von welchem aus er ihr Lager
betreten hatte; dort wandte er sich zu ihnen.

„Möge der Waconbah meinen Vater beschützen,"
hub der Spötter jetzt an, „seine Söhne haben die er=
haltenen Weisungen wohl verstanden und werden den=
selben pünktlich gehorchen. Der große bleiche Jäger
wird bereits mit seinen Freunden zusammen getroffen
sein und erwartet uns jetzt. Morgen wird Koutonepi
seine Commanchen=Brüder wiedersehen; beim endit'ha
(Anbruch) des Tages) wird das Lager abgebrochen sein."

„Gut," antwortete Curumilla, und nachdem er die
Krieger, welche sich ehrerbietig verneigten, ein letztes
Mal gegrüßt hatte, erfaßte er die Ranke einer Liane,
schwang sich mit der Kraft der Arme empor, und hatte
bald die Aeste erreicht, hinter deren Blättern er ver=
schwand.

Der Auftrag, dessen sich der Indianer eben ent=
ledigt hatte, war besonders wichtig, was schon aus dem
Umstande hervorging, daß er sich so vielen Gefahren

ausgesetzt hatte, um bei nächtlicher Weile mit den Rothhäuten zusammen zu treffen. Da der Leser aber bald erfahren wird, welche Folgen die Sendung des Häuptlings hatte, so glauben wir uns die Mühe ersparen zu können, die Zeichensprache zu deuten, deren man sich während der Verhandlung bediente, und die Beschlüsse zu erörtern, welche Curumilla und der Spötter verabredeten.

Der Häuptling unternahm seine luftige Wanderung mit derselben Gewandtheit und demselben Erfolge wie das erste Mal; er erreichte das Lager der Weißen in verhältnißmäßig weit kürzerer Zeit als er gebraucht hatte, um sich von demselben zu entfernen.

Es herrschte daselbst noch die frühere Stille, die Wachen standen unbeweglich auf ihren Posten, die Wachfeuer fingen an zu verglimmen.

Der Häuptling überzeugte sich, daß kein Auge auf ihn gerichtet sei, und ihm kein Späher auflauere; als er sich unbeobachtet sah, glitt er am Baume hinunter, und nahm den Platz unter seinem Bisampelze wieder ein, welchen er scheinbar nicht verlassen hatte.

In dem Augenblicke, wo der Häuptling, nachdem er sich ein letztes Mal im Kreise umgesehen hatte, unter der Pelzdecke verschwand, erhob der, quer vor dem Zelte liegende capataz behutsam den Kopf und richtete sein Augenmerk mit seltsamer Beharrlichkeit auf die Stelle, wo die Rothhaut ruhte.

„War ein Verdacht in dem Mexikaner aufgestiegen?

Hatte er die Entfernung und Rückkehr des Häuptlings beobachtet?"

Nach einiger Zeit ließ er seinen Kopf wieder sinken, ohne daß seine starre Miene die geringste innere Bewegung verrathen hätte.

Der übrige Theil der Nacht verfloß ruhig und friedlich.

~~~~~~~~~~~~~~~~~~~

V.

Das Fort der Chichimeken.

Die Sonne ging am Himmel auf und ihre Strahlen malten das vergilbte, welke Laub der Bäume mit Purpur und Gold. Die im dichten Laube versteckten Vögel stimmten ihr Morgenlied an; das Erwachen der Natur war so imposant und prachtvoll, wie es nur in Berggegenden der Fall zu sein pflegt.

Der Herr der Caravane trat aus seinem Zelte und gab Befehl das Lager abzubrechen.

Man schlug sofort das Zelt zusammen, belud die Maulthiere, sattelte die Pferde und brach auf, ohne des Frühstücks zu gedenken; gewöhnlich wurde dasselbe erst um elf Uhr, wenn man die erste Rast hielt, einge=

nommen, welche so lange dauerte, bis die größte Hitze des Tages vorüber war.

Die Caravane hatte die Straße eingeschlagen, welche von Santa=Fé nach den Vereinigten Staaten führt, und die Maulthiere befleißigten sich einer bei ähnlichen Gelegenheiten ungewöhnlichen Eile. Die Gesellschaft beobachtete eine gewisse militärische Marsch=ordnung, welche in jenem Landstriche um so rathsamer war, als derselbe nicht nur von indianischen Raub=stämmen, sondern auch von den Prairie=Piraten, jenen in Folge ihrer Missethaten geächteten und aus der Gesell=schaft verbannten Menschen, unsicher gemacht wurde. Jenes Raubgesindel lauerte hinter einer Biegung der Straße oder in einer Felsenhöhlung, und brachte die Reisenden, welche es beraubte, ohne Gnade um.

Vier Reiter ritten, mit dem Gewehre im Arme, der Caravane ohngefähr zwanzig Schritte voraus, während der Führer allein den ersten Vortrab bildete; den Ersteren folgte der Kern der Truppe, welcher aus sechs wohlbewaffneten Peonen bestand, die unter der unmittelbaren Aufsicht des Herrn der Caravane standen und die Maulthiere und das Gepäck überwachen mußten. Ohngefähr dreißig Schritt hinter ihnen, folgte der capa-taz, unter dessen Befehl vier entschlossene und vollständig bewaffnete Reiter standen.

Diese, auf alle etwaigen Vorkommnisse berechnete Ordnung, gewährte der Gesellschaft die höchst mögliche Sicherheit; denn es war nicht wahrscheinlich, daß die

weißen oder rothen Räuber, welche ihnen jedenfalls
auflauerten, siebenzehn entschlossene und bewährte
Männer am hellen Tage angreifen würden. Des Nachts
war hingegen mehr Grund vorhanden, die Pferdediebe
zu fürchten, welche sich, während die Reisenden schlafen,
geräuschlos in's Lager stehlen, und sowohl die Pferde
als das Gepäck rauben.

Indessen war unsere Caravane, entweder zufällig,
oder in Folge der, von dem Herrn derselben angeord=
neten Vorsichtsmaßregeln, seit ihrer Abreise von Santa=
Fé, das heißt seit ohngefähr einem Monate, weder
beunruhigt worden, noch hatte sie einen einzigen In=
dianer erblickt. Die Reise nahm, dem Anscheine nach
zu schließen, einen so friedlichen Fortgang, als ob die
Gesellschaft, statt das Felsengebirge zu durchwandern,
durch die Straßen von Sonora zöge. Dieser Umstand
erfüllte die Reisenden zwar mit neuem Muthe, ließ
sie aber trotzdem keine Vorsichtsmaßregel versäumen.
Der Herr der Caravane, welchen eine so unbegreifliche
Langmuth von Seiten des Raubgesindels jener Ge=
gend mit stiller Besorgniß erfüllte, war mit verdoppelter
Vorsicht und Wachsamkeit darauf bedacht, ein Zusam=
mentreffen oder einen Ueberfall der Landstreicher zu
vermeiden.

Die Spur des Indianers vom Stamme der Raben,
welche der Führer entdeckt hatte, steigerte die innere
Unruhe des Gebieters, weil jener Stamm einer der
verwegensten und raublustigsten unter den Räubern

des Felsengebirges ist. Der Herr konnte sich nicht verhehlen, daß, wenn er zu einem Kampfe gezwungen werde, alle Umstände gegen ihn seien, indem seine Peonen trotz ihrer Tapferkeit gegen Leute, welche das Land genau kannten, und nur dann einen Angriff wagen würden, wenn ihre Zahl hinreichend wäre, seine Truppe zu überflügeln, trotz der verzweifeltsten Gegenwehr, dennoch im Nachtheile bleiben mußten.

Sobald man das Lager verlassen hatte, gab der Gebieter, vielleicht von geheimer, banger Ahnung getrieben, seinem Pferde die Sporen und gesellte sich zu dem Indianer, der, wie wir bereits erwähnt haben, allein voranritt, das Gebüsch durchspähte, und dem Anscheine nach alle Pflichten eines erfahrnen Führers gewissenhaft erfüllte.

Obwohl Curumilla das Pferd des Mexikaners hinter sich traben hörte, wandte er sich doch nicht um, sondern trieb gelassen das schlechte Maulthier an, welches man ihm für die Dauer der Reise zum Gebrauche angewiesen hatte.

Als der Herr der Caravane den Indianer erreicht hatte und sein Pferd neben demselben trabte, musterte er den Führer, statt ihn anzureden, eine Zeit lang mit scharfen Blicken, und suchte hinter der geheuchelten Starrheit der Züge die geheimen Gedanken des Mannes zu errathen. Indessen sah sich der Mexikaner nach geraumer Zeit genöthigt, die Erfolglosigkeit seiner Bemühung zu erkennen, und sich innerlich einzugestehen, daß es ihm unmöglich wäre, die Absichten des Mannes zu durchschauen, gegen welchen er, trotz der Dienste, die er der Caravane scheinbar erwiesen hatte, eine un= überwindliche Abneigung empfand, und dem er um jeden Preis ein offenes Bekenntniß hätte abzwingen mögen.

„Höre, Indianer," redete er ihn auf spanisch an, „ich wünsche über einen wichtigen Gegenstand mit Dir zu sprechen, gieb daher Deine gewohnte Einsilbigkeit auf, und antworte mir als ehrlicher Mann, auf die Fragen, welche ich Dir vorzulegen gedenke."

Curumilla verneigte sich ehrerbietig.

„Du hast in Santa=Fé gegen einen Lohn von vier Unzen, von denen du zwei im Voraus erhalten, gegen mich die Verpflichtung übernommen, mich längs der Grenze der Vereinigten Staaten wohlbehalten nach der Grenze von Ober=Mexiko zu bringen. Du hast, so lange Du in meinem Dienste stehst, wie ich bekennen muß, Deine Pflicht zu meiner vollen Zufrie= denheit erfüllt. Wir befinden uns aber jetzt in Mitten des Felsengebirges, das zugleich die gefährlichste Stelle unseres weiten Weges ist. Vor zwei Tagen hast Du die Fährte eines Raben=Indianers, jener schlimmsten Feinde der Caravanen, aufgespürt, und ich habe den dringenden Wunsch, mich mit Dir über die geeignetsten Maßregeln zu verständigen, welche wir ergreifen müssen, um den Schlingen zu entgehen, in die uns jene In= dianer jedenfalls werden zu locken suchen. Vorerst muß ich wissen, durch welche Mittel Du ein Zusammentreffen mit ihnen verhüten willst, kurz, welchen Operationsplan Du entworfen hast."

Statt der Antwort, suchte der Indianer in den Falten eines Hembes von gestreiftem Baumwollenstoff, das er trug, zog ein fettiges, vierfach zusammengelegtes Papier heraus, faltete es aus einander und reichte es dem Mexikaner.

„Was ist das?" fragte Jener, indem er es nahm und mit den Blicken durchflog: „aha! ganz recht; es ist Dein Dienstkontrakt. Nun, was hat derselbe mit der Frage zu schaffen, die ich an Dich gerichtet?"

Curumilla deutete, noch immer stumm und gelassen, mit dem Finger auf den Satz, welcher den Schluß des eingegangenen Contraktes bildete.

„Nun, was willst Du damit sagen?" fragte der Mexikaner in ungeduldigem Tone: „ich weiß wohl, daß dort steht, ich wolle Dir unbedingt vertrauen, und Dich für das allgemeine Beste sorgen lassen, ohne Dir Fragen vorzulegen."

Der Indianer nickte bejahend mit dem Kopfe.

„Aber, voto a brios!" entgegnete heftig der Mexikaner, welchen der berechnete Gleichmuth des Führers und sein hartnäckiges Schweigen, trotz des löblichen Vorsatzes, sich zu mäßigen, aus der Fassung brachte, „wer bürgt mir dafür, daß Du im Interesse des Gemeinwohles handelst und daß Du kein Ver= räther bist?"

Bei dem Wort Verräther, welches der Mexikaner so unumwunden aussprach, warf Curumilla einen tiger= artigen Blick auf den Sprecher, während alle seine Glieder krampfhaft erbebten. Er stieß etliche unarti= kulirte Gurgellaute aus, und ehe der Mexikaner seine Absicht errathen konnte, fühlte er sich von ein Paar kräftigen Armen aus dem Sattel gehoben und so heftig zu Boden geworfen, daß er betäubt liegen blieb.

Curumilla sprang von seinem Maulthiere, nahm zwei Goldstücke aus dem Gürtel, schleuderte sie dem Mexikaner zu, kauerte sich dann am Rande des Abgrundes, der an die Straße grenzte, hin und ließ sich mit schwindelnder Eile hinuntergleiten, worauf er verschwand.

Der ganze Vorfall spielte so rasch, daß die Peonen, trotzdem sie mit verhängtem Zügel herangesprengt kamen, doch zu spät eintrafen, um die Flucht des Indianers zu verhindern.

Der Mexikaner war auf keine Weise verletzt, und nur die Ueberraschung und die Heftigkeit des Sturzes beraubte ihn vorübergehend seines Bewußtseins. Bald kam er aber zu sich, und da er einsah, daß an einem solchen Orte und einem solchen Gegner gegenüber an keine Verfolgung zu denken sei, verschluckte er seinen Aerger über die erlittene Schmach, stieg wieder auf sein Pferd, welches man aufgehalten hatte, und gab kaltblütig Befehl, die Reise fortzusetzen. Innerlich hin= gegen faßte er den festen Entschluß, sich für den erlittenen

Schimpf glänzend zu rächen, sobald sich eine Gelegen=
heit dazu böte.

Gegenwärtig heischten dringendere Angelegenheiten
seine volle Aufmerksamkeit, und er durfte seiner Rach=
gier nicht nachgeben. Er zweifelte keinen Augenblick
daran, daß er dem Führer die Wahrheit gesagt habe,
als er ihn einen Verräther schimpfte, und daß nur
der Aerger, sich durchschaut zu sehen, Letzteren bestimmt
habe, so entschieden aufzutreten, um einer harten Züchtig=
ung zu entgehen und seine Flucht ungefährdet aus=
führen zu können.

Die Lage des Herrn der Caravane war höchst
bedenklich; ohne Führer stand er rathlos in der fremden
Gegend, wo jedenfalls verborgene Feinde lauerten, und
mußte jeden Augenblick gewärtig sein, durch einen Ueber=
fall überrascht zu werden, dessen Ausgang für ihn
und seine Leute nicht anders als ungünstig sein konnte.
Nur ein entschlossenes und energisches Benehmen konnte
möglicher Weise die Caravane vor den Unfällen be=
wahren, welche ihr drohten.

Der Mexikaner war ein entschlossener, verwegener
Mann, der noch vor keiner Gefahr, wie groß sie auch
sein mochte, zurückgebebt war. In wenigen Augen=
blicken hatte er alle Rettungsmittel überdacht, die ihm
zu Gebote standen, und einen Entschluß gefaßt.

Die Straße, welche er verfolgte, mußte ohne
Zweifel diejenige sein, welche die Caravanen benutzen,
die von den Vereinigten Staaten nach Kalifornien oder

Mexiko ziehen, es gab keine andere Straße im Gebirge.
Der Mexikaner beschloß daher, an dem ersten günstigen
Punkte ein befestigtes Lager aufzuschlagen, sich in
demselben nach besten Kräften zu verschanzen, und
das Vorüberkommen der nächsten Caravane abzuwarten,
welcher er sich anschließen wollte.

Dieser Plan war eben so einfach, als leicht aus-
zuführen; und da die Reisenden reichlich mit Munition
und Lebensmitteln versehen waren, brauchten sie sich
vor keinem Mangel zu fürchten. Ueberdies konnte es
höchstens sechs bis acht Tage dauern, bis eine Caravane
vorüberzog. Mit Hülfe der fünfzehn entschlossenen
Peonen, welche der Herr der Gesellschaft bei sich hatte,
glaubte derselbe vollkommen im Stande zu sein, sich
hinter guten Verschanzungen des rothen und weißen
Raubgesindels zu erwehren, das einen Angriff gegen ihn
wagen würde.

Wie gedacht, so gethan; der Mexikaner setzte seinen
erschrockenen Peonen in Kürze aus einander, was er
thun wolle, empfahl denselben verdoppelte Vorsicht, und
verließ sie dann, um ein Stück voran zu reiten und
eines Theils das Terrain zu recognosciren, anderen
Theils die passendste Stelle zur Errichtung eines Lagers
auszuwählen.

Er sprengte mit verhängtem Zügel davon und
war bald hinter den Biegungen der Straße verschwunden; aus Furcht vor einem unvorhergesehenen
Angriffe hielt er seine Flinte in der Hand, während er

das dichte Gehölz, welches die Straße von der Berg=
seite einfaßte, mit spähenden Blicken durchforschte.

Der Mexikaner ritt ohngefähr zwei Stunden lang
auf solche Weise weiter und machte unterwegs die Be=
merkung, daß der Pfad, welchen er eingeschlagen hatte,
sich mehr und mehr verengerte und immer unwegsamer
wurde.

Plötzlich erweiterte sich der Raum vor ihm, und
er trat auf eine Terrasse, über welche die Straße führte,
und die keine andere war, als die unter dem Namen
des Forts der Chichimeken bereits früher erwähnte.

Der Mexikaner erkannte die Vortheile jener Stellung
mit geübtem Blicke und wandte sein Pferd, ohne sich
Zeit zu gönnen, den Ort genauer zu mustern, um zu
seiner Caravane zurückzukehren.

Obwohl letztere bedeutend langsamer vorgerückt
war, wie ihr Herr, hatte sie doch den Schritt be=
schleunigt, so daß er nach Verlauf von kaum drei Viertel
Stunden nach Entdeckung der Terrasse wieder mit ihr
zusammentraf.

Die Flucht des Führers hatte die Mexikaner, welche,
an die Trägheit des Lebens in den Tropenländern ge=
wöhnt, schon Angesichts der beschneiten Spitzen des
Felsengebirges einen großen Theil ihrer Thatkraft ver=
loren hatten, vollends entmuthigt. Es war ein Glück
für den Gebieter, daß er jenen Einfluß auf das Ge=
müth seiner Untergebenen besaß, welchen überlegene
Geister stets über gewöhnliche Menschen ausüben. Als

daher die Peonen ihren Herrn mit heiterer, sorgloser
Miene zurückkehren sahen, begannen sie zu hoffen, daß
sie sich glücklicher, als sie anfangs gefürchtet hatten,
aus der mißlichen Lage befreien würden, in welche sie
so plötzlich gerathen waren.

Die Reise nahm ihren ruhigen Fortgang, man
stieß auf keine verdächtigen Anzeichen und die Mexikaner
durften sich der Hoffnung überlassen, daß die Flucht des
Indianers keine anderen üblen Folgen für sie haben
würde, als die nothwendige Verzögerung ihrer Reise,
bis sie einen neuen Führer angeworben hätten.

Seltsamer Weise schien sich Carnero, der capataz,
über das Verschwinden des Führers mehr zu freuen,
als zu grämen. Weit entfernt, sich über die Ver=
zögerung der Reise zu beschweren, lachte er über das
Geschehene und erlaubte sich mehr oder minder geist=
reiche Scherze, welche endlich seinen Herrn, der nur
äußerlich sorglos schien, während er innerlich das Miß=
geschick verwünschte, das ihn im Gebirge festhielt und
dem Uebermuthe des Raubgesindels Preis gab, im
hohen Grade reizten.

„Was findest Du denn so Erfreuliches an dem
Vorfalle, Carnero, daß Du so vergnügt bist, oder Dich
wenigstens so ▓▓▓?" fragte er ihn endlich in ziemlich
heftigem Tone.

„Verzeihung, mi amò," antwortete der capataz
bemüthig, „Ihr kennt ja das spanische Sprichwort:
cosa que no tiene remedio, olvidarla es lo mejor

— glücklich ist, wer vergißt, was nicht zu ändern ist — ich bin eben bemüht, zu vergessen."

„Hm!" brummte der Herr, ohne weiter ein Wort zu antworten.

„Uebrigens," fuhr der capataz fort und flüsterte seinem Herrn die letzten Worte in's Ohr: „ist es nicht das Beste, sich zu stellen, als ob man über eine noch so mißliche Lage beruhigt wäre?"

Der Herr warf ihm einen stechenden Blick zu, während Jener mit seinem unterwürfigen Lächeln gelassen fortfuhr:

„Es ist die Pflicht eines jeden treuen Dieners, sich stets der Ansicht seines Herrn zu unterwerfen, es gehe wie es geh'. Heute früh, als Ihr fort wart, fingen die Peonen an zu murren; Ihr kennt ja die Gemüths-art jener Bestien; wenn sie muthlos werden, sind wir verloren, weil sie zu Nichts mehr zu brauchen sein dürften; ich habe daher geglaubt, in Eurem Sinne zu handeln, wenn ich versuchte ihren Lebensmuth etwas aufzurichten, und eine Heiterkeit heuchelte, welche ich weit entfernt bin zu empfinden, das versichere ich Euch."

Der Mexikaner schüttelte zweifelnd den Kopf; doch waren die Bemerkungen des capataz so treffend und seine Gründe so richtig, daß er genöthigt war, ihm Recht zu geben und ihm zu danken; denn er durfte gegenwärtig nicht wünschen, sich mit einem Manne zu verfeinden, der den Sinn seiner Peonen mit einem

Worte umwandeln und sie, statt sie zu ihrer Pflicht anzuhalten, zur Meuterei aufreizen konnte.

„Ich danke Dir, Carnero," sagte er in begütigendem Tone, „Du hast vollkommen in meinem Sinne gehandelt, und ich weiß Deine Treue gegen mich zu schätzen. Sei versichert, daß der Augenblick kommen wird, wo ich in den Stand gesetzt bin, Dir zu beweisen, was ich von Dir halte."

„Ich strebe gegenwärtig, wie immer, nach keiner anderen Belohnung, als nach dem Bewußtsein, meine Pflicht gethan zu haben, mi amò," antwortete der capataz mit einer ehrerbietigen Verbeugung.

Der Mexikaner warf ihm einen scheelen Blick zu, hielt aber an sich, und wiederholte dem capataz lächelnd seinen Dank.

Letzterer hielt es für gerathen, die Unterhaltung hier abzubrechen, er hielt daher sein Pferd an, und ließ seinen Herrn voranreiten.

Der Herr der Caravane gehörte zur Zahl jener unglücklich organisirten Menschen, welche, nachdem sie im Laufe eines wechselvollen Lebens Andere fortwährend hintergangen, dahin gekommen sind, daß sie Niemandem mehr trauen und unter den unbedeutendsten Worten eine selbstsüchtige Absicht vermuthen, welche gewöhnlich gar nicht vorhanden ist. Obwohl der capataz Carnero bereits lange in seinem Dienste stand, und er ihm nicht nur gewisse Vorrechte im Verkehr mit seinem Herrn einräumte, sondern auch das vollste Vertrauen

in ihn zu setzen und an seiner Ergebenheit nicht zu
zweifeln schien, mißtraute er demselben innerlich, ja
er hatte ihn im Verdacht, daß er falsch gegen ihn han=
dele und ein heimliches Werkzeug seiner Feinde sei;
einen besonderen Grund dafür hatte er nicht. Wir
sind gegenwärtig nicht im Stande zu entscheiden, in=
wiefern jene Ueberzeugung, welche im Kopfe des Mexikaners
tiefe Wurzel geschlagen hatte, begründet war oder nicht.
Auf alle Fälle beobachtete er die geringsten Bewegungen
seines capataz auf das Schärfste, und glaubte fest,
daß er seinen Verdacht früher oder später werde bestätigt
finden. Trotzdem er sich daher sehr leutselig gegen ihn
zeigte, war er doch stets auf seiner Hut und um so
vollständiger zur Gegenwehr gerüstet, weil er die Ge=
legenheit dazu schon längst erwartete.

Die Caravane erreichte die Terrasse noch vor elf
Uhr Vormittags und die Peonen suchten die Freude
nicht ein Mal zu verbergen, welche sie empfanden, als
sie die Stärke der Stellung erkannten, die ihr Herr
zur Errichtung seines Lagers gewählt hatte.

„Wir werden für jetzt hier bleiben," sagte der Mexi=
kaner, „ladet die Maulthiere ab, und zündet Feuer an,
um unser Essen zu bereiten! Gleich nach eingenommenem
Frühstücke wollen wir darauf bedacht sein, uns so zu
verschanzen, daß uns die Marodeurs Nichts anhaben
können."

Die Peonen gehorchten mit einem Eifer, welcher

verrieth, daß sie nach dem langen Marsche bedeutende Eßluft verspürten.

Im nächsten Augenblicke brannten bereits die Feuer und wenige Minuten später begannen die Mexikaner, ihren Maistortillas, so wie dem tocino und der cecina wacker zuzusprechen. Jene Speisen sind nämlich das Grundelement jeder mexikanischen Mahlzeit.

Sobald die Leute ihren Hunger gestillt und ihre Cigarette angezündet hatten, stand der Gebieter auf.

„Jetzt frisch an's Werk!" sagte er.

VI.

Der Ueberfall.

Der Punkt, welchen der Herr der Caravane entdeckt zu haben glaubte, und an welchem er beschlossen, Halt zu machen, eignete sich vorzüglich zur Errichtung eines befestigten Lagers, in welchem man im Stande sein würde, den Ueberfällen der Indianer und der Prairie=Piraten Monate lang Trotz zu bieten. Jenes ungeheure Voladero, das sich in bedeutender Höhe über die Abgründe erhob und zur Rechten und Linken von gewaltigen Felsblöcken geschützt war, bot so große Vortheile, daß die Peonen ihre frühere Sorglosigkeit vollständig wiederfanden und die geheimnißvolle Flucht des Führers nur noch als einen unbedeutenden Vorfall betrachteten, der keine andere Folge haben würde, als die, ihre Reise ein Wenig zu verzögern.

Sie eilten daher auf den Ruf ihres Gebieters mit dem löblichsten Eifer herbei, und schickten sich unter seiner Aufsicht an, einen Graben auszuwerfen, der sie vor einem etwaigen Ueberfalle schützen sollte. Jenen Graben wollte man mit hohen Pfählen einfassen, welche auf einem breiten Walle angebracht werden sollten, welcher den ganzen Raum zwischen den Felsen einnehmen und auf die Terrasse münden würde.

Zuerst schritt man zur Errichtung des Hauptquartiers, indem man das Zelt aufschlug und die Pferde in der Nähe desselben an Pfähle band.

In dem Augenblicke, wo der Herr der Caravane sich mit etlichen Peonen, die Grabscheite und Hacken trugen, nach dem Eingange der Terrasse begab, und wahrscheinlich beabsichtigte, die Stelle genau anzugeben, wo der Graben gezogen werden sollte, trat der capataz mit unterwürfiger Miene zu ihm und sagte, indem er sich ehrerbietig verneigte:

„Mi amo, ich möchte Euch eine wichtige Mittheilung machen."

Der Herr wandte sich zu ihm, maß ihn mit schlechtverhehltem Mißtrauen und fragte:

„Eine wichtige Mittheilung?"

„Ja, mi amò," entgegnete der capataz mit einer neuen Verbeugung.

„Was ist es? Sprich, und fasse Dich kurz, Carnero, denn ich habe, wie Du siehst, keine Zeit zu verlieren!"

„Ich hoffe Euch Zeit zu ersparen, Ew. Gnaden," antwortete der capataz mit heimlichem Lachen.

„Wirklich! Was giebt es denn?"

„Ihr sollt es sogleich erfahren, Ew. Gnaden, wenn Ihr mir vergönnen wollt, Euch einige Worte unter vier Augen zu sagen."

„Diablo! Du bist ja sehr geheimnißvoll, Meister Carnero!"

„Es ist meine Pflicht, mi amò, das, was ich entdeckt habe, Ew. Gnaden allein mitzutheilen."

„So? Hast Du etwas entdeckt?"

Der Angeredete verneigte sich stumm.

„Wohlan, es sei!" entgegnete der Herr. „Komm!"

„Ihr könnt immer gehen, muchachos," fügte er, zu den Peonen gewendet, hinzu, „ich werde augenblicklich wieder bei Euch sein."

Während Letztere weiter gingen, kehrte der Ge= bieter in Begleitung des capataz einige Schritte zurück. Als er sich von seinen Leuten weit genug entfernt zu haben glaubte, wandte er sich wieder zu dem Halb= indianer.

„Ich denke, Meister Carnero," sagte er, „daß Du jetzt kein Bedenken mehr tragen wirst, zu reden."

„In der That müßte ich kein Hinderniß, Ew. Gnaden."

„Nun so rede denn in's Teufels Namen, und laß mich nicht länger in Ungewißheit!"

„Die Sache ist in zwei Worten die, daß ich eine Höhle entdeckt habe."

„Was?" rief der Herr verwundert aus, „Du hättest eine Höhle entdeckt?"

„Ja, Ew. Gnaden."

„Wo denn?"

„Hier."

„Hier? Unmöglich!"

„So ist es wirklich, Ew. Gnaden."

„Aber an welcher Stelle?"

„Dort," entgegnete Carnero, und streckte den Arm aus, „dort hinter jenem Felsenchaos."

Ein vorübergehender Verdacht blitzte in den Augen des Gebieters.

„Das wäre in der That in hohem Grade merkwürdig, Meister Carnero! Wie bist Du zu der Entdeckung gekommen, wenn ich fragen darf, und welcher triftige Grund hat Dich bewogen, hinter jenen Felsen umher= zuschleichen, während Du doch wußtest, wie nothwendig man Deiner an einem anderen Orte bedurfte?"

Der Ton, in welchem jene Worte gesprochen wurden, brachte den capataz nicht aus der Fassung, sondern er

antwortete mit der ruhigsten Miene, als ob er die ver=
steckte Drohung in der Rede seines Herrn nicht bemerkt
hätte:

„Ja, mi amo, die Entdeckung war eine ganz zu=
fällige, das versichere ich.“

„Ich glaube nicht an den Zufall,“ antwortete der
Herr, „doch gleichviel, erzähle!“

„Als wir unser Mahl beendet hatten,“ fuhr der
capataz in süßlichem Tone fort, „bemerkte ich, daß
mehrere unserer Pferde, worunter auch das meinige,
ihre Stricke zerrissen und sich nach verschiedenen Richt=
ungen entfernt hatten.“

„In der That,“ murmelte der Gebieter, indem er
vielmehr seine eigenen Gedanken, als die Worte des
capataz beantwortete.

Jener lächelte unmerklich.

„Da ich fürchtete,“ fuhr er fort, „daß sich die
Pferde verirren könnten, eilte ich denselben sofort nach.
Es gelang mir leicht genug, sie wieder einzuholen,
nur ein einziges wich mir hartnäckig aus und flüchtete
in weiten Sprüngen in die Mitte der Felsen, wohin
ich mich genöthigt sah, demselben zu folgen.“

„Jetzt begreife ich, das Thier hat Dich an den
Eingang der Höhle geführt.“

„Ganz recht, mi amo; ich erreichte es dicht vor
dem Eingange der Höhle und konnte es dort mit leichter
Mühe fangen.“

„Das ist in der That merkwürdig, und bist Du tiefer in die Höhle eingedrungen, no Carnero?"

„Nein, mi amò, ich glaubte Euch meine Ent= deckung erst mittheilen zu müssen."

„Das hast Du ganz recht gemacht. Jetzt wollen wir mit einander hingehen, nimm etliche Fackeln mit und zeige mir den Weg. Höre! Vergiß nicht, Waffen mit zu nehmen, denn man kann nicht wissen, welchen feindseligen Menschen oder Thieren man in solchen Höhlen begegnen kann, die so bequem am Wege liegen."

Diese Worte wurden in einem so beißenden Tone ge= sprochen, daß der capataz trotz seines geheuchelten Gleichmuthes innerlich erbebte.

Während er ging, die Befehle seines Herrn zu vollziehen, wählte Letzterer unter seinen Peonen sechs Mann, auf deren Muth er sich verlassen zu können glaubte, befahl ihnen, ihre Flinten mit zu nehmen und, nachdem er den Uebrigen die Weisung ertheilt, wachsam zu sein, die Befestigungsarbeiten aber nicht vor seiner Rückkehr zu beginnen, winkte er dem capataz zum Zeichen, daß er bereit sei, ihm zu folgen. No Carnero bemerkte mit innerem Unbehagen die An= ordnungen, welche sein Herr traf, doch hielt er es wahrscheinlich nicht für gerathen, sich eine Bemerkung zu erlauben, denn er senkte stumm den Kopf und schritt auf die Felsblöcke zu, welche den Eingang der Höhle verbargen.

Jene Granitblöcke, welche unregelmäßig über ein=

ander lagen, schienen dennoch keineswegs zufällig dahin
gerathen zu sein; im Gegentheil deuteten hie und da
einige Spuren darauf hin, daß sie in sehr früher Zeit
zu einer zwar rohen, aber festen Mauer gehört hatten,
die jedenfalls mit der Brustwehr verbunden gewesen,
welche sich noch ziemlich wohlerhalten am Rande des
Voladero über dem Abgrunde erhob.

Bald hatten die Mexikaner die Felsblöcke über=
stiegen und standen vor dem Eingange der Grotte, die
sich finster vor ihnen öffnete.

Der Herr winkte den Peonen, still zu stehen.

„Es ist auf keinen Fall rathsam," sagte er, „sich
ohne Weiteres in jene Höhle zu wagen; haltet Eure
Waffen bereit, muchachos, und seid auf Eurer Hut!
Bei dem geringsten verdächtigen Geräusch, oder wenn
Ihr etwas sehen solltet, gebt Ihr Feuer! Zünde die
Fackeln an, capataz!"

Letzterer gehorchte ohne Widerrede, der Herr der
Caravane überzeugte sich, daß man seinen Befehlen
pünktlich nachgekommen war, zog dann seine Pistolen
aus dem Gürtel, lud sie, nahm in jede Hand eine und
sagte dann, zu dem capataz gewendet, in höhnischem
Tone:

„Geh voran, es ist nicht mehr, als billig, daß
Du uns in die Höhle einführest, welche Du so unver=
hofft entdeckt hast! Vorwärts, Ihr Anderen, und seid
auf Eurer Hut!" fügte er, zu den Peonen gewendet
hinzu.

Die acht Männer folgten nun dem capataz in
die Höhle. Letzterer schritt mit hoch erhobener Fackel
voran, jedenfalls in der Absicht die Umgebung heller
zu beleuchten.

Die Höhle schien, wie die Mehrzahl derjenigen,
welche sich in jener Gegend finden, ihre Entstehung
nur einer Erderschütterung zu verdanken, denn die
Wände derselben waren ziemlich hoch und trocken und
stellenweise von einer großen Menge von Nachtvögeln
bewohnt, welche, durch das Licht der Fackeln aufgeschreckt,
kreischend aufflogen und die Mexikaner mit schwerem
Flügelschlage umkreisten. Letztere hatten große Mühe,
sich derselben zu erwehren, doch je tiefer sie in die
Höhle drangen, um so zahlreicher trafen sie auf diese
Vögel, welche sie trotz der vorgestreckten Flinten mit
ihren langen Flügeln streiften und mit ihrem sinnver=
wirrendem Geschrei betäubten.

Endlich gelangten sie auf einen ziemlich geräumigen
Platz, der eine Art von Halle bildete, in welche mehrere
Gänge mündeten.

Obwohl sich die Mexikaner bereits ziemlich weit
vom Eingange entfernt hatten, konnten sie doch ohne
Mühe athmen, was jedenfalls den zahlreichen, unmerk=
lichen Ritzen zuzuschreiben war, die sich im Felsen
gebildet hatten und frische Luft eindringen ließen.

„Hier wollen wir eine Zeit lang rasten," sagte
der Herr, indem er eine Fackel aus der Hand des capataz
nahm. „Wenn diese Höhle, wie ich es vermuthe,

mehrere Zugänge hat, so bietet uns dieses Gemach
einen sicheren Zufluchtsort. Indessen wollen wir den
Ort zuvor genauer mustern."

Bei diesen Worten betrachtete er den Raum genau,
indem er rings um denselben schritt, und gelangte ver=
mittels gewisser Spuren menschlicher Arbeit, die hie
und da wahrzunehmen waren, zu der Ueberzeugung,
daß jene Höhle einst bewohnt gewesen.

Die Peonen hatten sich auf einige einzeln umher=
liegende Felsstücke niedergelassen, hielten ihre Flinten
zwischen den Knieen und folgten der Musterung ihres
Herrn mit ziemlich gleichgültigen Blicken.

Letzterer fühlte allmälig den Verdacht schwinden,
welchen die Art und Weise, wie ihm sein capataz die
Entdeckung mitgetheilt, in ihm erweckt hatte. Er glaubte
mit Gewißheit annehmen zu dürfen, daß seit Jahren
kein menschliches Wesen das düstere Felsennest betreten
habe, denn er hatte keine jener Spuren entdeckt, welche
der Mensch, selbst beim flüchtigsten Aufenthalte hinter=
läßt, auch wenn er bemüht gewesen, dieselben zu ver=
wischen. Im Gegentheil herrschte allenthalben die
vollkommenste Oede und Stille, und der Herr der Cara=
vane war nicht abgeneigt, sich, statt in ein festes Lager,
in jenen leicht zu vertheidigenden Schlupfwinkel zurück
zu ziehen, weil die Befestigungsarbeiten stets langwierig
und schwierig sind und ihn überdieß zwangen, seine
Leute und Thiere der Unbill eines Klima's auszu=
setzen, dessen Einfluß auf Diejenigen, welche nicht an die

heiße Luft von Mexiko gewöhnt sind, fast immer ein tödtlicher ist.

Während der Gebieter seine Musterung fortsetzte, sprach er in einem freundlicheren Tone mit dem capataz, als er es seit langer Zeit gethan, wünschte ihm Glück zu seiner Entdeckung, und theilte ihm seine Pläne mit, die jener mit der vielsagenden Miene anhörte, die ihm eigen war.

Plötzlich hielt er inne und lauschte; beide Männer befanden sich eben vor der Oeffnung einer jener Felsen= gänge, die wir früher erwähnten.

„Horch!" sagte er zu dem capataz, indem er denselben zugleich, um ihn aufmerksam zu machen, beim Arme faßte, „hörst Du Nichts?"

Der Angeredete neigte sich ein Wenig vor und blieb eine Zeit lang unbeweglich.

„In der That," sagte er, indem er sich aufrichtete, „es klingt fast wie ferner Donner."

„Nicht wahr? Oder vielleicht, wie das Rauschen unterirdischer Gewässer?"

„Rayo de Dios! Mi amò!" rief der capataz erfreut aus, „ich wette, daß Ihr Recht habt. Es wäre ein großes Glück, wenn wir in der Höhle Wasser fänden, das würde für unsere Sicherheit eine wesent= liche Bedingung sein, weil wir dann nicht gezwungen wären, mit unseren Pferden vielleicht sehr weit entfernte Tränken aufzusuchen."

„Ich will mich sofort selbst davon überzeugen,

wiefern meine Vermuthung begründet ist ober nicht.
Das Geräusch kommt bort aus jenem Gange, wir
wollen benselben hinuntergehen. Unsere Leute mögen
uns hier erwarten, benn ich glaube kaum, baß wir
irgenb eine Gefahr laufen, weil bie Inbianer ober
Prairie=Piraten, welche uns möglicher Weise auflauern
könnten, schwerlich bis jetzt gezaubert hätten, wenn sie
uns überfallen wollten. Wir bebürfen baher ben Bei=
stanb ber Peonen nicht mehr."

Der capataz schüttelte zweifelnb ben Kopf.

„Hm!" bemerkte er, „bie Inbianer sinb sehr schlau,
mi amò, wer weiß, welche teuflische Absichten biese
Rothhäute im Schilbe führen, unb ich meine, es würbe
vorsichtiger sein, wenn wir uns von ben Peonen be=
gleiten ließen."

„Unsinn," entgegnete ber Gebieter, „es ist ganz
unnöthig, wir sinb ein Paar entschlossene unb wohl
bewaffnete Männer, ich sage Dir, baß wir Nichts zu
fürchten haben. Sollten wir übrigens wiber Erwarten
angegriffen werben, so müssen es bie Leute ja hören
unb können in wenigen Minuten bei uns sein."

„Aller Wahrscheinlichkeit nach haben wir allerbings
Nichts zu fürchten," antwortete ber capataz, „inbessen
habe ich es für bie Pflicht eines treuen Dieners ge=
halten, Euch zu warnen, weil wir in jenem Gange,
bessen Winkel wir nicht kennen, unrettbar verloren
wären, wenn sich Feinbe hier versteckt haben sollten,
benn zwei einzelne Männer sinb bei aller Tapferkeit

nicht im Stande, sich gegen zwanzig bis dreißig Feinde
zu wehren, und die Indianer greifen, wie Ihr wißt,
die Weißen nur dann an, wenn sie des Gelingens ge=
wiß sind.“

Diese Worte schienen einigen Eindruck auf den
Herrn der Caravane zu machen; er schwieg eine Zeit
lang und schien mit sich selbst zu Rathe zu gehen; aber
bald blickte er auf, schüttelte entschlossen den Kopf und
sagte:

„Wie Gott will! ▆▆ kann an keine Gefahr
glauben; und sollte uns wirklich eine solche drohen,
so heiße ich sie willkommen. Erwartet uns hier, Ihr
Leute, und haltet Euch bereit, auf den ersten Wink her=
beizueilen,“ fügte er, zu den Peonen gewendet, hinzu,
worauf Letztere aufstanden und sich in der Mitte der
Halle versammelten.

Der Herr ließ ihnen eine Fackel zurück, damit sie
während seiner Abwesenheit Licht hätten, nahm die
andere mit sich, wandte sich zu Carnero und sagte:

„Vorwärts!“

Sie betraten jetzt den Gang, welcher schmal war
und ziemlich steil bergab führte. Die beiden Männer
sahen sich wegen ihrer Unkenntniß der Oertlichkeit ge=
zwungen langsam und sehr behutsam vorzubringen.

Je weiter sie kamen, je deutlicher vernahmen sie
das Rauschen des Wassers; es unterlag keinem Zweifel,
daß sich einer jener unterirdischen Bäche, wie man sie
so häufig in natürlichen Höhlen findet und welche

größtentheils in Folge eines Erdbebens verschüttet worden, in unmittelbarer Nähe befinde.

Plötzlich fühlte sich der Herr der Caravane, ohne durch das kleinste Geräusch gewarnt worden zu sein, von ein Paar Armen umfaßt, die Fackel wurde seiner Hand entrissen und ausgedrückt, während man ihn selbst zu Boden warf und fesselte, ehe er hatte daran denken können, Widerstand zu leisten.

Carnero wurde gleich seinem Herrn zu Boden geworfen und gebunden.

„Nichtswürdige Feiglinge!" rief der Mexikaner aus, indem er übermenschliche Anstrengungen machte, um seine Bande zu zerreißen, „zeigt Euch wenigstens, damit ich weiß, wen ich vor mir habe."

„Schweigt, General Don Sebastian Guerrero," herrschte ihm eine rauhe Stimme entgegen, vor deren Klang er unwillkürlich erbebte, „fügt Euch in Euer Schicksal, denn Ihr befindet Euch in der Gewalt von Leuten, die Euch nicht eher freigeben werden, bis sie Euch eine ernste Rechenschaft abgefordert haben."

Der General Guerrero, dessen sich Diejenigen unserer Leser, welche das G o l d f i e b e r gelesen haben, entsinnen werden, bebte vor ohnmächtigem Zorn, antwortete aber nicht. Es leuchtete ihm ein, daß Diejenigen, in deren Hände er jetzt gerathen war, seine persönlichen Feinde und weit gefährlicher für ihn waren, als die Rothhäute oder Prairie-Piraten, mit welchen er anfangs zusammengetroffen zu sein glaubte.

Ueberdieß überlegte er, daß die Dunkelheit, welche ihn jetzt umgab, bald schwinden, er seine Feinde von Angesicht zu Angesicht schauen würde und sie nothwendig erkennen müsse.

Er fand sich aber in seiner Erwartung getäuscht, denn als ihn seine Entführer nach der Halle gebracht hatten, wo seine entwaffneten Peonen unter der Aufsicht von Indianern standen, konnte er zwar bemerken, daß fünf der Männer, die ihn umstanden, mexikanische Kleidung trugen, doch war ihr Gesicht durch ein schwarzes, am Halse befestigtes Tuch so vollständig verhüllt, daß es unmöglich war, sie zu erkennen.

„Was wollen die Leute von mir?" murmelte er in sich hinein und ließ den Kopf muthlos auf die Brust sinken.

„Nur Geduld," antwortete der erste Sprecher, welcher die Worte des Generals gehört hatte, „Ihr sollt es bald erfahren."

VII.

Die Erklärung.

Während der Pause, die nun folgte, schienen sich die Entführer flüsternd mit einander zu berathen.

Unterdessen trat ein indianischer Häuptling, in welchem wir den Spötter wieder erkennen, ein und sagte einige Worte in der Sprache der Comanchen.

Der General und der capataz wurden auf ein Zeichen eines der verhüllten Männer der Obhut der Rothhäute wieder entrissen und auf den voladero geschafft.

Das Ansehen der Terrasse hatte sich während der kurzen Abwesenheit des Generals vollständig verwandelt und bot jetzt das seltsamste und malerischste Schauspiel.

Hundert und fünfzig bis zweihundert berittene und größtentheils mit Flinten bewaffnete Indianer hatten sich in bester Ordnung rings um die Terrasse aufge= stellt, deren mittelster Raum frei blieb. Sie standen mit dem Gesichte nach der Höhle gewendet und hatten die entwaffneten Mexikaner, sowie das Gepäck, die Pferde und die Maulthiere der Caravane in ihre Mitte genommen.

Das Zelt erhob sich noch immer einsam in der Mitte des zum Lager bestimmt gewesenen Platzes, doch war der Eingangsvorhang desselben zurückgeschlagen und ein unbeweglich vor dem Eingange stehender Reiter schien die darin enthaltenen Kostbarkeiten vor der Plünderung sichern zu sollen.

In dem Augenblicke, wo die Entführer aus der Höhle traten und sich auf der Terrasse zeigten, wichen die vor dem Eingange der Schlucht aufgestellten Reiter zur Rechten und Linken zurück, um einer kleinen Anzahl

Jäger, die man trotz ihrer gebräunten Haut für Weiße erkannte und in deren Mitte zwei Frauen auf Maul= thieren ritten, Platz zu machen.

Jene Gesellschaft von Fremden bestand aus acht Personen und führte zehn Lastthiere bei sich.

Da die Männer unbewaffnet waren und zu Fuße in der Mitte von ungefähr fünfzig indianischen Reitern einherschritten, schien es wahrscheinlich, daß sie in einen Hinterhalt der Rothhäute gerathen und von denselben gefangen genommen worden waren.

Die beiden Damen, von welchen die eine bereits in vorgerücktem Alter war, während die jüngere kaum siebzehn bis achtzehn Jahre zählen mochte und deren große Familienähnlichkeit auf eine nahe Verwandtschaft schließen ließ, wurden mit einer ausgesuchten Höflichkeit, welche sie von Seiten der Rothhäute weit entfernt ge= wesen zu erwarten, nach dem Zelte geleitet, in welches man sie einzutreten bat und dessen Thürvorhang, nach= dem dies geschehen, herunter gelassen wurde, um sie den Blicken der Indianer zu entziehen, deren Neugierde ihnen, trotz der zur Schau getragenen Ehrerbietung, lästig fallen mußte.

Die neuen Ankömmlinge stellten sich auf einen Wink ihrer Begleiter neben die gefangenen Peonen. Es waren Männer im kräftigsten Alter, deren scharf= geschnittene Züge große Energie verriethen, und welchen jedenfalls keine andere Wahl geblieben war; denn dem

Ansehen nach zu schließen, würden sie den Tod der Gefangenschaft vorgezogen haben.

Sie verriethen weder Furcht noch Muthlosigkeit, und ihre blitzenden Augen und finster gerunzelten Brauen verkündeten deutlich, wie schwer ihr Schicksal auf ihnen laste, und daß sie, statt sich gebuldig darein zu fügen, die erste Gelegenheit ergreifen würden, die Freiheit wieder zu gewinnen, welche man ihnen so ver= rätherisch geraubt hatte.

Trotzdem sie, wie es schien, beschlossen hatten, sich gegen alle kommenden Ereignisse gleichgültig zu stellen, empfanden sie doch bald ein lebhaftes Interesse für das seltsame Drama, dessen Zeugen sie unwillkürlich wurden und dessen unheimliche Vorbereitungen geeignet waren, ihre Neugierde in hohem Grade zu erregen.

Man hatte am Fuße des Felsens mehrere Granit= blöcke zu einem Halbkreise zusammengetragen und eine ziemlich gelungene Nachahmung jenes blutigen Vehmge= richts gebildet, das in früheren Zeiten sein unheimliches Wesen an den Ufern des Rheines trieb und selbst Kaiser und Könige vor seinen Richterstuhl forderte.

Fünf Vermummte ließen sich auf den Granitblöcken nieder, worauf die Indianer den General vor den improvisirten Gerichtshof schleppten.

Auf einen Wink Desjenigen, welcher der Vorsitzende der finsteren Versammlung zu sein schien, löste man die Fesseln des Gefangenen, welcher dadurch, wenn auch nicht frei, doch Herr seiner Bewegungen wurde.

Der General richtete sich auf, kreuzte die Arme über der Brust, nahm eine stolze Haltung an, maß mit hochaufgerichtetem Kopfe Diejenigen, welche sich zu seinen Richtern aufgeworfen hatten, mit dem Ausbrucke der tiefsten Verachtung und sagte:

„Was wollt ihr von mir, Ihr Räuber? Kommt rasch zur Sache und glaubt nicht, mich durch Euren beleidigenden Mummenschanz einzuschüchtern."

„Schweigt!" entgegnete der Präsident kaltblütig, „es kommt Euch nicht zu, hier zu reden."

Hierauf wandte er sich zu dem Spötter, der in der Nähe stand, und sagte:

„Bringt die neuen und älteren Gefangenen herbei, denn Jedermann soll hören, was wir diesem Menschen sagen werden."

Der Spötter winkte den Kriegern, von welchen etliche abstiegen, zu den Gefangenen traten, und die Fesseln des capataz lösten, worauf sie denselben nebst den Peonen und den Gefangenen der zweiten Caravane dem Gerichtshofe gegenüber in eine Reihe stellten. Auf einen zweiten Wink des Spötters schlossen die Reiter einen engen Kreis um die Weißen, welche sich von den Comanchen von allen Seiten umringt sahen.

Jene Versammlung von Männern, deren harte Züge und seltsame Trachten sich in ihrer scheinbar willkürlichen Anordnung auf der Terrasse, die über dem schwindelnden Abgrund schwebte, während im Hintergrunde die steilen Felswände ihre beschneiten Spitzen bis zum Himmel erhoben, ebenso seltsam als unheimlich ausnahmen, bot doch unter den Strahlen der hellen Mittagssonne einen Anblick voll erhabener Wildheit.

Todtenstille herrschte auf der Felsenplatte und alle Herzen schlugen bang. Sowohl die Rothhäute, als die Jäger und Mexikaner hatten ein Vorgefühl, daß ein entscheidender Richterspruch bevorstehe und ein er=schütterndes Drama beginnen solle. Man hörte die unsichtbaren Gewässer unter dem Felsen rauschen, während zuweilen ein Windstoß heulend über den Köpfen der Reiter vorüber pfiff.

Die Gefangenen erwarteten in unsäglicher Angst und heimlicher Bangigkeit, was geschehen würde. Sie wußten nicht, welches Schicksal ihnen die unbarmherzigen Sieger zugedacht, waren aber innerlich im Voraus überzeugt, daß weder Klagen noch Bitten Etwas fruchten würden, und sie genöthigt wären, die furcht=baren Qualen geduldig zu ertragen, zu welchen sie ohne Zweifel verdammt werden sollten.

Der Präsident blickte sich im Kreise um, erhob sich unter allgemeinem Schweigen, deutete mit ausge=strecktem Arme auf den General, der kalt und gelassen vor ihm stand, und nachdem seine Augen unheimlich glühend aus den Oeffnungen der Maske geblitzt, er=griff er in ernstem, feierlichem Tone das Wort und sagte:

„Caballeros, merkt wohl auf die Worte, die Ihr hören werdet, vernehmt sie mit Aufmerksamkeit, um sie recht zu verstehen und Euch über unsere Absichten nicht zu täuschen. Zuvor aber will ich Euch beruhigen und Euch die nöthige Gemüthsruhe wiedergeben, indem ich Euch versichere, daß Ihr weder in die Hände von Indianern, die nach Eurem Blute dürsten, noch von Prairie=Piraten, die Euch berauben wollen, gefallen seid; nein, fürchtet Nichts der Art; sobald Ihr als unpar= teiische Zeugen dem gegenwärtigen Akte beigewohnt habt und nöthigen Falls bezeugen könnt, was Ihr gesehen, wird es Euch frei stehen, Eure Reise fort zu setzen, ohne Etwas von Eurem Eigenthum einzubüßen. Die Männer, welche zu meiner Rechten und Linken sitzen, sind trotz der Verhüllung, die ihr Gesicht verbirgt, wackere, rechtschaffene Jäger, welche Ihr vielleicht einst kennen lernt, wenn sie auch für jetzt aus Gründen, deren Wichtigkeit Euch bald einleuchten wird, unerkannt bleiben müssen. Es war Pflicht, Senores, Euch das zu sagen, damit Ihr, ehe wir jenen Menschen richten, wißt, daß wir keinerlei schlimme Absicht gegen Euch hegen."

Einer der Reisenden der zweiten Caravane trat jetzt einen Schritt vor. Es war ein noch junger Mann mit feinen, edlen Zügen, einer hohen, wohlgebildeten Gestalt und anmuthiger Miene und Geberde.

„Caballero," antwortete er mit vernehmlicher, wohlklingender Stimme, „ich danke Euch in meinem und meiner Gefährten Namen für die trostreichen Worte, die Ihr uns gesagt habt. Ich weiß, wie streng das Gesetz der Wildniß ist und habe mich demselben stets

ohne Murren unterworfen, gestattet mir indessen eine
Frage."

„Redet, Caballero."

„Gilt es hier einen Act der Rache, oder der Ver=
geltung?"

„Weder das Eine, noch das Andere, Senor, man
könnte es vielmehr einen Act der Schwachheit oder
Thorheit nennen, wenn die Eingebungen des Herzens
von rechtschaffenen, biedern Männern getadelt oder in
Zweifel gezogen werden dürften."

„Zur Sache, Senor," sagte der General in hoch=
müthigem Tone, „und wenn Ihr wirklich, wie Ihr vor=
gebt, ein ehrlicher Mann seid, so zeigt mir zuvor Euer
Gesicht, damit ich weiß, wen ich vor mir habe."

Der Präsident zuckte verächtlich die Achseln.

„Mit Nichten," sagte er, „Don Sebastian, denn
dann würden wir nicht mehr mit gleichen Waffen
kämpfen. Geduldet Euch aber, Caballero, denn bald
werdet Ihr, wenn auch nicht meinen Namen, doch die
Beweggründe erfahren, die mich zum Handeln treiben
und die mich zu Eurem Todfeinde gemacht haben."

Der General versuchte zu lächeln, konnte sich aber
eines inneren Schauers nicht erwehren, und während
seine stolze Haltung den unbekannten Feinden Trotz zu
bieten schien, fühlte er sein Herz vor Bangigkeit klopfen.

Es entstand ein kurzes Schweigen, das nur durch
das Stöhnen des Windes in den kahlen Aesten der

Bäume und das ferne Rauschen der unsichtbaren Ge=
wässer unterbrochen wurde.

Der Präsident musterte die Versammlung mit
blitzenden Augen, kreuzte die Arme über der Brust,
richtete sich stolz empor und ergriff das Wort in einem
schneidenden Tone, vor welchem die Anwesenden inner=
lich erbebten. Die Versammelten waren muthige Leute,
welche während des abenteuerlichen und bewegten Lebens
in der Wildniß die größten Gefahren standhaft ertragen
hatten; hier fühlten sie sich aber von ihrem Muthe ver=
lassen.

„Hört mich jetzt an, Senores," begann der Präsi=
dent „und richtet diesen Mann unbefangen, nicht nach
dem Gesetze der Prairie, sondern nach der Stimme
Eures Herzens. Der General Don Sebastian Guerrero, der jetzt in so entschlossener, fester Haltung vor
Euch steht, ist einer der angesehensten Männer von
Mexiko, ein untadelhafter cristiano viejo, der in
directer Linie von den spanischen Eroberern abstammt
und dessen Vermögen so bedeutend ist, daß er selbst
nicht im Stande ist, anzugeben, wie hoch es sich
beläuft. Jener Mann hat vermöge seines festen Willens
und der herzlosen Selbstsucht, welche den Grundzug
seines Charakters bildet, in Allem, was er unternommen,
Glück gehabt. Ehrgeizig, kaltblütig und entschlossen,
wie er ist, hat er die blutige Bahn, die ihn zum er=
sehnten Ziele führen sollte, ohne Scheu betreten, und
sich einen Weg über Leichen gebahnt. Mit lächelnder

Miene hat er seine liebsten Freunde und treusten Verwandten an seiner Seite fallen sehen. Nichts, was dem Menschen Achtung einflößt, hat Werth in seinen Augen, und Ehre und Treue sind für ihn leere Worte. Er besaß eine Tochter, die alle Tugend in sich vereinigte und deren Anmuth, Unschuld und Liebenswürdigkeit ihr jenes verklärte Ansehen gab, was Gott seinen Auserwählten zuweilen verleiht. Jener Mann hat das Herz seiner Tochter kaltblütig zerrissen, sie unwiderbringlich zum Selbstmorde getrieben, und das unschuldige Blut seines Kindes befleckte die Stirn des Mannes, während er dem juristischen Morde Desjenigen beiwohnte, den sie liebte und dessen Verurtheilung er forderte, weil derselbe nicht ehrlos genug gewesen, die Hand zu einem Verrathe zu bieten, den er im Schilde führte. Jener Tiger in Menschengestalt, jenes Ungeheuer mit der höhnischen, kaltblütigen Miene, welches vor Euch steht, Senores, kennt nur einen Gedanken, einen Wunsch, ein Ziel: Sich zur höchsten Stufe emporzuschwingen, und müßte er auch deshalb über die zuckenden Leichen seiner Verwandten und Freunde steigen, die er seinem Ehrgeize alle opfert. Sollte es ihm nicht gelingen, sich aus der verfallenden Republik, welche man Mexiko nennt, ein unabhängiges Königreich zu gründen, so will er wenigstens die oberste Leitung derselben an sich reißen und sich zum Präsidenten wählen lassen. Wenn jener Mann nur danach strebte, seinem Ehrgeize durch die schändlichsten Mittel zu dienen, so würde ich

mich begnügen, ihn zu verachten, ohne ihn zu haffen
und mich bemühen, ihn zu vergeffen, da ich ihn nicht
entschuldigen kann. Aber jener Tiger hat es gewagt,
an einen Mann, meinen Freund und Bruder, an den
Grafen von Prébois-Crancé, deffen ich bereits gedacht
habe, Senores, ohne seinen Namen zu nennen, Hand
anzulegen. Da er den Grafen im ehrlichen Kampfe
nicht besiegen konnte und daran verzweifelte, ihn für seine
schändliche Sache zu gewinnen, hat er versucht, ihn zu
vergiften, und als ihm das nicht gelang, beschloffen, ein
Ende zu machen, indem er den juriftischen Mord meines
Freundes anbefahl und in seiner blinden Rachgier nicht
bedachte, daß seine engelgleiche Tochter, das einzige
Wesen, welches ihn liebte und die göttliche Gnade auf
ihn herabflehte, die Braut des Grafen sei und er den
Tod deffelben nicht beschließen könne, ohne zugleich ihr
Herz zu brechen. Er wohnte der Hinrichtung bei und
bemerkte im Uebermaße seiner hämischen Freude nicht,
daß sich seine Tochter an der Seite des Geliebten selbst
getödtet habe und er ihre Leiche unter den Hufen seines
Pferdes zertrete. Das hat jener Mann gethan, den
man den General Don Sebastian Guerrero und
Militairgouverneur von Sonora nennt und welchen ich
Euch auffordere, genau anzuschauen, um ihn später
wieder zu kennen."

Ein „Ach!" des Entsetzens durchlief die Reihen
der Versammlung.

„Wenn der Mann wirklich der frühere Gouverneur

von Sonora ist," sagte der Jäger, welcher bereits ge=
sprochen hatte, mit dem Ausdrucke des tiefsten Abscheues,
„so kann man ihn nicht anders ansehen, wie ein von
der Gesellschaft ausgestoßenes Raubthier, auf welches
man Jagd machen muß."

„Nieder mit ihm! Er soll sterben!" riefen die
Neuangekommenen aus.

Die Peonen des Generals standen stumm und
betroffen und senkten muthlos den Kopf, weil sie ihren
Herrn nicht vertheidigen konnten, ihn aber auch nicht
anklagen wollten.

Der General stand noch immer kalt und wie es
schien, unbewegt da, aber in seinem Inneren tobte ein
furchtbarer Sturm. Sein Gesicht war todtenblaß, die
gerunzelten Brauen berührten sich und die bläulichen
Lippen waren fest geschlossen, als ob er die verzweifeltsten
Anstrengungen mache, um seine Wuth nicht durch laute
Schmähungen auszutoben. Seine Augen glühten, ein
krampfhaftes Zittern schüttelte ihn zuweilen, doch gelang
es ihm mit Aufbietung seiner vollen Willenskraft seine
Aufregung zu bemeistern und den Ausdruck höhnischer
Verachtung zu bewahren, den er von Anfang an an=
genommen hatte.

Sobald der Kläger schwieg, trat er vor und streckte
den Arm aus, als wolle er seinerseits um's Wort bitten.

Sein Feind ließ ihm aber nicht Zeit zu reden.

„Halt!" rief er aus, „ich bin noch nicht fertig;
nachdem ich den Anwesenden Eure Missethaten offenbart

habe, will und muß ich auch das, was ich gegen Euch unternommen und noch zu unternehmen gedenke, dem Urtheile derselben vorlegen.

VIII.

Die Erklärung.

Der General zuckte die Achseln mit einem ver= ächtlichen Lächeln.

„Jetzt kenne ich Euch, Patron, Euer blinder Haß gegen mich hat Euch verrathen; werft die Ver= hüllung ab, welche jetzt überflüssig ist, denn, Ihr werdet selbst wissen, wie hellsehend der Haß ist: Ihr seid der französische Jäger, der sich mir stets in den Weg gestellt hat, um meine Absichten zu kreuzen und meine Pläne zu vereiteln.“

„Ihr könnt hinzufügen: und welchem Ihr auch künftig allenthalben begegnen werdet.“

„Möglich, daß es geschehen wird, wenn ich Euch nämlich nicht zuvor, wie ein ekles Gewürm, zertreten habe.“

„Noch immer der alte Stolz und die frühere Hals=

ſtarrigkeit? Iſt Euch nicht eingefallen, daß mich Eure Beleidigungen endlich auf's Aeußerſte treiben und mich das Gelübbe vergeſſen laſſen werden, das ich mir ſelbſt gethan, Euch meiner Rache nicht zu opfern?"

„Ihr?" entgegnete Jener achſelzuckend in verächt= lichem Tone, „Ihr wolltet mich tödten? Das kann nicht ſein, denn die Rache erſcheint Euch viel zu ſüß, um mich in einer zornigen Aufwallung umzubringen."

„Ganz recht, dieſes Mal habt Ihr es errathen, Don Sebastian, ich werde Euch nicht tödten, weil ich mich trotz Euerer Verbrechen dazu nicht für berechtigt halte. Blut kann nicht durch Blut geſühnt werden und eine neue Miſſethat würde die Summe der Schuld noch vergrößern. Ich beabſichtige eine langſamere Rache zu nehmen, als ſie ein Meſſerſtich gewähren würde. Die Vergeltung hat übrigens bereits begonnen."

„Wirklich?" entgegnete der General ſpöttiſch.

„Meine Rache ſoll aber offen und ehrlich ſein," fuhr der Jäger bewegt fort, „und ich will Euch daher vor Aller Augen beweiſen, daß ich Euch jetzt ebenſo wenig fürchte, als da ich Euch zuerſt feindlich entgegen trat. Die Verhüllung, welche mein Geſicht verbirgt, ſoll fallen, nicht, weil Ihr behauptet, mich erkannt zu haben, ſondern weil ich es meiner unwürdig finde, mich länger vor Euren Blicken zu verbergen. Meine Brüder," fügte er, zu ſeinen ſtummen Beiſitzern gewendet, hinzu, „ich allein werde meine Maske abnehmen. Ihr müßt

dieselbe behalten, denn das Interesse meiner Rache er=
heischt, daß Ihr unerkannt bleibt."

Die fünf Männer bejahten stumm.

Jetzt zog der Jäger das Tuch von seinem Gesichte
und warf es von sich.

„Valentin Guillois!" rief der General aus, „ich
wußte es ja."

Bei diesem wohlbekannten Namen schienen die
Jäger der zweiten Caravane entweder aus Neugierde,
oder irgend einem anderen Beweggrunde, näher treten
zu wollen.

„Halt!" rief ihnen der Franzose entgegen, und
begleitete seine Worte mit einer abwehrenden Bewegung,
„laßt mich erst mein Geschäft mit jenem Manne beenden."

Sie verneigten sich und wichen zurück.

„Jetzt schauen wir uns ungehindert Aug' in Auge,
nicht wahr?" fuhr er fort. „Wohlan, hört jetzt ruhig
an, was ich noch zu sagen habe. Vielleicht wird die
geheuchelte Ruhe Eurer Miene vor meinen Worten ver=
gehen, wie der Schnee vor den Strahlen der Sonne."

„Ich werde Euch anhören, weil ich nicht anders
kann, wenn Ihr mich aber auf irgend eine Weise zu
erschüttern hofft, so kann ich Euch vorher sagen, daß
es Euch nicht gelingen wird. Der Haß, welchen Ihr
mir einflößt, ist zu sehr mit der tiefsten Verachtung ge=
paart, als daß irgend eine Aeußerung aus Eurem Munde
mich im Geringsten berühren könnte."

„So hört mich denn an," antwortete der Jäger

kaltblütig. Unter dem Einflusse des erften Schmerzes, den mir die Nachricht von dem Tode meines am Ge= ftade von Guaymas gemordeten Freundes verurfachte, faßte ich allerdings den Entfchluß, Euch zu tödten, fobald aber die ruhige Ueberlegung wiederkehrte, fah ich ein, daß es beffer fei, Euch leben zu laffen. Meinen Be= mühungen ift es acht Tage nach dem Tode des Grafen gelungen, die mexikanifche Regierung nicht nur zum öffentlichen Widerrufe Eurer That, fondern auch zur Enthebung von Eurer Gewalt zu bewegen, ohne daß man troß Eurer Vorftellungen geneigt gewefen wäre, Euch den Grund diefer Maßregel anzugeben."

„So!" entgegnete der General in fchneidendem Tone, „Euch habe ich alfo meine Entlaffung zu danken?"

„Gewiß, General, mir allein."

„Das ift mir lieb zu wiffen."

„Ihr bliebt hierauf ohne Macht und Einfluß und mit dem allgemeinen Haffe beladen in Sonora. Auf Eurer Stirn brannte das unverlöfchliche Kainszeichen, mit welchem Gott den erften Mörder brandmarkte. Mexiko ift aber das gelobte Land, in welchem der Ehr= geizige leicht im Trüben fifchen kann, befonders wenn er, wie Ihr, frei von jenen Rückfichten für Ehre und Gewiffen ift, welche den Unternehmungsgeift der ehr= lichen Leute nur zu häufig hemmen. Das Schickfal, welches Euch traf, konnte Euch nicht dauernd beugen, und nach wenigen Tagen war Euer Entfchluß gefaßt. Ihr verließt Sonora, um Euch nach Mexiko zu begeben,

wo Ihr mit Hülfe Eures ungeheuren Vermögens und
des Einflusses, welchen Euch dasselbe nothwendig geben
mußte, Eure ehrgeizigen Pläne weiter zu verfolgen
gedachtet. Ihr hofftet durch eine Veränderung des
Wohnortes die Schandthaten, welche Ihr begangen
hattet, vergessen zu machen. Eure Vorbereitungen
waren bald getroffen. Jetzt merkt aber wohl auf meine
Worte, General, denn ich kann beschwören, daß wir
jetzt zu dem interessantesten Punkte der Geschichte
kommen."

„Fahrt nur fort, Senor," antwortete dieser in
nachlässigem Tone, „ich höre Euch aufmerksam zu und
Ihr braucht nicht zu fürchten, daß ich je eines Eurer
Worte vergessen werde."

„Das wußte ich, trotz der Gleichgültigkeit, welche
Ihr heuchelt, Senor, und fahre daher fort. Da Ihr
aus gewissen Gründen, welch ich nicht nöthig habe,
Euch näher zu bezeichnen, fürchtetet, daß Eure Feinde
Eure Abreise zwar nicht verhindern, Euch aber auf der
langen Strecke zwischen Hermosillo und Mexiko in einen
Hinterhalt locken würden, so beschlosset Ihr folgende
Vorsichtsmaßregeln zu ergreifen, deren Unwirksamkeit
Ihr zum Theil bereits eingesehen haben werdet.
Während Ihr, um Eure Feinde irre zu leiten, in Be=
gleitung von nur wenigen Leuten verkleidet den Weg
nach Californien einschlugt, um über das Felsengebirge
nach Mexiko zurückzukehren, zugleich aber Allen, die
danach fragten, die Straße, welche ihr angeblich ziehen

wolltet, auf das Umständlichste beschriebt, wählte der
einzige Mann, welchem Ihr Vertrauen schenkt, der
Capitain Don Isidro Vargas, der Veteran aus dem
Befreiungskriege, der Euch als Kind gekannt hat und
den Ihr zu Eurem Spießgesellen gemacht, den ge=
radesten und mithin den kürzesten Weg, um sich nach
der Hauptstadt zu begeben. Er hat nicht allein zwölf
Maulthiere mit Gold und Silber, den Ertrag der
während Eurer Regierung aufgespeicherten Erpress=
ungen, sondern noch etwas weit Kostbareres mit sich
genommen, nämlich die Leiche Euerer unglücklichen
Tochter, welche Ihr hattet einbalsamiren lassen, und
die der Capitain Befehl hat, in der Gruft Eurer Väter,
in Eurer hazienda del Palmar beizusetzen, die Ihr
seit so langer Zeit verlassen und wahrscheinlich nie
wieder betreten werdet. Ihr verbandet damit die
doppelte Absicht, nicht allein die unehrlich erworbenen
Reichthümer der öffentlichen Aufmerksamkeit zu entziehen,
sondern auch Eure Feinde auf Eure Spur zu locken
und dadurch irre zu führen. Glücklicher, oder unglück=
licher Weise, je nachdem Ihr die Sache ansehet, bin
ich ein alter Jäger, der so schwer zu täuschen ist, daß
mir meine Gefährten schon seit langer Zeit den glor=
reichen Namen des Fährtensuchers gegeben haben,
und während sich Jedermann in Vermuthungen über
Eure Absicht erschöpfte, war ich der Einzige, der sich
nicht irren ließ und Euren Plan durchschaute."

"Aber Eure Gegenwart hier widerlegt diese Be=

hauptung auf das Schlagendste, Senor," fiel ihm der
General spöttisch in's Wort.

„Meint Ihr, Senor? Daraus ersehe ich nur,
daß Ihr mich noch nicht genügend kennt. Aber Geduld,
bald hoffe ich richtiger von Euch beurtheilt zu werden.
Ihr habt übrigens nicht bedacht, wie lange Zeit seit
Eurer zwiefachen Abreise von Hermosillo verstrichen ist."

„Das heißt?" stammelte der General, innerlich
erbebend.

„Das heißt, daß ich den Capitain erst abfertigen
wollte, ehe ich Euch vornahm."

„Ach!"

„Mein Gott, ja, General, ich muß Euch zu
meinem Bedauern mittheilen, daß der wackere Don
Isidro, ein so erfahrener Soldat und mit allen Kriegs-
listen vertrauter Parteigänger er auch sonst ist, doch
kaum vier Tage nach seiner Abreise von Pitic in einen
ähnlichen Hinterhalt gerieth, wie der, welcher Euch gestellt wurde und dessen Opfer Ihr heute geworden.
Aber..."

„Aber was?" fiel ihm der General in's Wort,
der mehr Unruhe empfand, als er verrathen mochte
und bereits anfing ein Unglück zu fürchten.

„Mein Gott, man hat die Unvorsichtigkeit begangen," fuhr der Jäger höhnisch fort, „dem Capitain
die Möglichkeit zu gestatten, sich zu wehren. Er hat
dieselbe mißbraucht, indem er sich tödten ließ, und das

anvertraute Gold, ganz besonders aber den Sarg, der
die Leiche Eurer Tochter enthielt, tapfer vertheidigte."

Dem General schwindelte, der kalte Schweiß trat
auf seine Stirn und er bedeckte das Gesicht mit den
krampfhaft verschlungenen Händen. Bald hatte er sich
aber gefaßt und sagte mit der früheren Kaltblütigkeit in
verächtlichem Tone:

„Nun, weiter? Ihr habt meine Caravane ge-
plündert und das Gold und Silber bei Seite geschafft,
nicht wahr?"

„Das würdet Ihr wahrscheinlich unter ähnlichen
Umständen gethan haben, Don Sebastian," antwortete
der Jäger in demselben Tone; „ich habe indessen geglaubt, anders handeln zu müssen. Ihr könnt nicht
erwarten, daß ein einfacher, ungebildeter Jäger, wie ich,
sehr geübt im Plündern sei, namentlich, da ich es zu
der Zeit gelernt habe, wo mir die Ehre wurde, meinem
Vaterlande zu dienen und ich in Mexiko nie in Eurem
Solde gestanden habe. Hört, was ich gethan: Sobald sich der Capitain nebst den Peonen, welche er be-
fehligte, hatte tödten lassen, denn man muß den armen
Teufeln die Gerechtigkeit wiederfahren lassen, zu gestehen,
daß sie verzweifelten Widerstand geleistet haben, bin ich
selbst, versteht Ihr wohl, General? ich selbst, mit
Euren Schätzen nach Eurer hazienda del Palmar
gezogen und habe sie dort unversehrt in Sicherheit gebracht, wie Ihr Euch leicht selbst überzeugen könnt,
wenn Ihr die Besitzung je wieder betreten solltet."

Der General athmete auf, lächelte höhnisch und sagte:

„In dem Falle, Senor, habt Ihr Euch durch Euer ritterliches Benehmen nicht meinen Tadel, sondern meinen Dank verdient, namentlich, da Ihr mein Feind seid."

„Uebereilt Euch nicht mit Eurem Danke, Caballero," entgegnete der Jäger, „noch wißt Ihr nicht Alles."

Die Worte wurden in einem Tone so unverkennbar befriedigter Rachgier gesprochen, daß die Versammlung und der General selbst erbebte. Jedermann ahnte, daß ein furchtbares Geständniß bevorstehe und die scheinbare Ruhe des Jägers nur die Verkünderin eines neuen Sturmes sei.

„Ach!" murmelte Don Sebastian, „redet, Senor, ich bitte Euch, denn mich verlangt zu wissen, wie viel ich Euch schuldig bin."

„Der Capitain Don Isidro Vargas escortirte nicht nur die Schätze, welche ich nach der hazienda gebracht habe, sondern auch den Wagen, auf welchem ein Sarg ruhte," antwortete der Jäger in abgerissenem, einbringlichem Tone. „Warum fragt Ihr nicht, was aus dem Sarge geworden ist, General?"

Ein Schauer durchlief die Reihen der Versammlung bei dem höhnischen, kalten Tone, in welchem der Jäger, dessen Augen mit durchbringendem Blicke auf dem Generale ruhten, seine Frage vorlegte.

„Was?" rief Don Sebastian aus, „wie soll ich das verstehen? Ihr werdet doch keinen Frevel begangen haben?"

Valentin schlug ein gellendes Gelächter auf.

„Eure Vermuthungen übertreffen stets das Ziel, General; ich einen Frevel begehen! Nicht doch! Ich habe das arme Kind bei Lebzeiten zu aufrichtig geliebt, um es im Tode zu beleidigen. Nein, die Braut meines Freundes war mir heilig; da ich aber der Meinung bin, daß der Mörder keine Rechte auf sein Opfer hat, und Ihr der moralische Mörder Eurer Tochter seid, so habe ich Euch die Leiche derselben entführt, weil Ihr nicht würdig seid, sie aufzubewahren und sie an der Seite Desjenigen ruhen soll, um dessen Willen sie gestorben ist."

Es entstand eine Pause.

Das blasse Gesicht des Generals färbte sich erdfahl, seine Augen waren blutunterlaufen, ein krampfhaftes Zittern schüttelte seine Glieder und er machte wiederholte vergebliche Anstrengungen, um zu sprechen. Endlich preßte er mit heiserer Stimme die Worte hervor:

„Ihr lügt, das habt Ihr nicht gethan! Sprecht! Nicht wahr, Ihr habt nicht gewagt, einem Vater die Leiche seines Kindes zu rauben?"

„Das habe ich, das versichere ich Euch," entgegnete der Jäger kalt, „ich habe Euch die Leiche Eures Opfers entrissen und niemals, versteht Ihr mich, sollt Ihr erfahren, wo die unglückliche Hülle ruht! Das ist

aber nur der Anfang meiner Rache. Nicht Euren
Leib will ich tödten, sondern Eure Seele. Geht jetzt
und versucht in Mexiko den Auftritt zu vergessen,
welchen Ihr hier erlebt habt; erinnert Euch aber in=
mitten Eurer ehrgeizigen Umtriebe, daß Ihr mich stets
und allenthalben auf Eurem Wege treffen werdet.
Lebt wohl, oder vielmehr auf Wiedersehen!"

"Noch ein Wort!" rief der General verzweifelnd
aus; "gebt mir die Leiche meiner Tochter wieder; ach!
es ist ja das einzige menschliche Wesen, welches ich je
geliebt habe."

Der Jäger blickte ihn eine Zeit lang mit seltsa=
mem Ausdrucke an und sagte dann in hartem, spötti=
schem Tone:

"Nimmermehr!" Hierauf wandte er sich ab und
kehrte mit seinen vermummten Gefährten in die Höhle
zurück.

Der General wollte ihm folgen, wurde aber durch
die Indianer daran verhindert, welche ihn, troz seines
Widerstandes fest hielten.

Don Sebastian fühlte sich durch diesen letzten
Schlag um so schwerer getroffen, weil er unerwartet
kam. Er blieb eine Zeit lang, wie vom Donner ge=
rührt, mit schlaff herabhängenden Armen und stieren
Blicken stehen, bis sich endlich ein herzzerreißender Seufzer
seiner Brust entwand, ein paar brennende Thränen
über seine Wangen rollten und er bewußtlos zu Boden fiel.

Sogar die Indianer, jene rauhen, mitleiblosen

Krieger fühlten sich durch einen so tiefen Schmerz er-
griffen, und mehrere von ihnen wandten sich ab, um
dem Anblicke zu entgehen.

Der Spötter hatte den Peonen unterdessen be-
fohlen, die Pferde zu satteln und die Maulthiere zu be-
frachten. Der General wurde von ein paar Dienern,
scheinbar bewußtlos, auf ein Pferd gehoben, worauf
die Caravane nebst ihrem Gepäck und allen ihren
Schätzen das Fort der Chichimeken unangefochten verließ und ungehindert durch die Reihen der indianischen
Krieger zog, welche sich stumm verneigten, als sie vorüber kam.

Sobald die Mexikaner hinter der Biegung der
Straße verschwunden waren, trat Valentin aus der
Höhle, näherte sich höflich den Jägern der zweiten
Caravane und sagte:

„Verzeiht mir nicht nur den Aufenthalt, welchen
ich Euch verursacht, sondern auch den Schrecken, den
ich Euch wider Willen einflößen mußte. Ich konnte
nicht umhin zu handeln, wie ich es gethan habe. Ihr
reiset nach Mexiko, wohin ich selbst bald kommen werde;
möglicher Weise werde ich noch Eures Zeugnisses be-
dürfen."

„Ihr könnt auf uns rechnen, lieber Landsmann,"
antwortete der frühere Sprecher verbindlich.

„Wie!" rief der Jäger verwundert aus, „seid Ihr
ein Franzose?"

„Ja, und meine Gefährten ebenfalls. Wir kommen

von San=Franzisco, wo es uns mit Gottes Hülfe ge=
lungen ist, ein ansehnliches Vermögen zu erwerben,
welches wir in der Hauptstadt Mexiko zu verdoppeln
hoffen. Ich heiße Anton Rallier, das ist mein Bruder
Eduard und hier mein Bruder August. Die beiden
Damen, welche uns begleiteten, sind meine Mutter und
Schwester. Solltet Ihr in Mexiko Niemanden kennen,
so kommt, sobald Ihr angelangt seid, nur gleich zu mir.
Wir werden Euch nicht nur wie einen Freund, sondern
wie einen Bruder aufnehmen."

Der Jäger drückte die Hand, welche ihm sein
Landsmann reichte und sagte:

„In dem Falle werde ich Euch nicht allein ziehen
lassen, denn in diesem Gebirge wimmelt es von aller=
lei Raubgesindel, welchem Ihr schwerlich entgehen
dürftet. Unter meinem Schutze hingegen werdet Ihr
unangefochten bleiben."

„Ich nehme Euren Vorschlag mit Dank an; warum
wollt Ihr uns aber nicht bis nach Mexiko begleiten?"

„Das ist mir gegenwärtig unmöglich," entgegnete
der Jäger nachdenklich; „beruhigt Euch aber, ich werde
Euch bald nachfolgen und nicht ermangeln, Euch an
Euer Versprechen zu erinnern."

„Ihr sollt uns willkommen sein, Freund, denn wir
kennen euch schon lange und wissen, daß Ihr den
französischen Namen in Amerika stets zu hoher Achtung
gebracht habt."

Zwei Stunden später herrschte die gewohnte Stille

und Einsamkeit auf dem Fort der Chichimeken; sowohl
die Weißen, als die Indianer hatten den Ort für immer
verlassen.

~~~~~~~~~~~~~~~~~~~~~~~~~

IX.

Mexiko.

Wir überspringen jetzt einen Zeitraum von ungefähr zwei Monaten und ersuchen den Leser uns aus
dem Felsengebirge nach dem Mittelpunkte von Mexiko
zu folgen.

Die spanischen Eroberer haben die Punkte, welche
sie zur Gründung der Städte, die ihre Herrschaft sichern
und später sowohl der Mittelpunkt ihres Handels als
der Stapelplatz ihrer unermeßlichen Reichthümer werden
sollten, wählten, mit bewunderungswürdiger Umsicht
auserlesen.

Noch heutigen Tages sind jene Städte trotz des
Verfalles, in welchen sie theils durch die Trägheit der
Creolen, theils durch die fortwährenden Bürgerkriege
oder die plötzlichen Erderschütterungen gerathen sind, und
des Verlustes des lebhaften Verkehrs, welchen die unter-

nehmende, spanische Bevölkerung in denselben unterhielt,
ein Gegenstand staunender Bewunderung für den
Reisenden, welcher an die ungesunde Uebervölkerung der
europäischen Städte gewöhnt ist. Sinnend betrachtet
er die ungeheuren von klosterartigen Bogengängen ein=
gefaßten Plätze, die breiten, regelrechten Straßen, welche
fortwährend von einem frischen, klaren Wasser durch=
strömt sind, die schattigen Gärten, in welchen un=
zählige Vögel zwitschern, die kühn geschwungenen Brücken
und die erhaben einfachen Gebäude, deren Inneres un=
ermeßliche Reichthümer verräth. Jene Städte sind
aber, wir wiederholen es, größtentheils nur noch
Schatten von dem, was sie waren. Von Zeit zu Zeit
erweckt sie die wüthende Brandung des Aufruhrs und
giebt ihnen auf wenige Tage ein künstliches Leben voll
fieberhafter Aufregung und politischer Leidenschaften.
Sobald man aber die Leichen fortgeschafft, und die
Straßen vom Blute gereinigt hat, versinkt die Stadt
wieder in ihre frühere Leblosigkeit, die Einwohner
schließen sich ängstlich in ihre Häuser ein und Alles
nimmt wieder ein ödes, unheimliches, trauriges An=
sehen an, welches nur durch das Tosen des nächsten
Volksaufstandes verscheucht wird.

Mit Ausnahme von Lima, jener prachtvollen
ciudad de los reyes, ist Mexiko vielleicht die größte
und schönste unter allen Städten, die sich auf dem alten
spanisch=amerikanischen Boden befinden.

Mexiko bietet nach allen Seiten hin herrliche

Fernsichten, will man aber ein wahrhaft unvergleichliches Schauspiel genießen, so muß man beim Untergange der Sonne auf einen der Thürme des Domes steigen, von wo aus sich das seltsamste und zugleich anziehendste Panorama vor den Blicken des Beschauers entwickelt.

Mexiko bestand schon lange Zeit vor der Entdeckung Amerika's.

Der Leser wird uns gewiß entschuldigen, wenn wir die Erzählung von der Gründung jener Stadt, wie sie sich in alten Chroniken vorfindet, hier einschalten.

In dem Todesjahre Huetzin's, des Königs von Tezcuco, d. h. wörtlich, der Ort, wo man Halt macht, weil die Auswanderung der Chichimeken dort endete, drangen die Mexikaner in das Land und gelangten zu der Stelle, wo sich Mexiko jetzt erhebt. Dieß ereignete sich nach unserer Zeitrechnung zu Anfang des Jahres 1140. Jener Punkt bildete damals einen Theil der Besitzungen Aculhua's, des Herrn von Atzcaputzalco.

Nach den Abbildungen und Schriften der alten Geschichtsschreiber zu schließen, kamen jene Indianer von dem äußersten Ende der Provinz Xalisco; wahrscheinlich gehörten sie dem Stamme der Tolteken an und stammten aus der Familie des edlen Huetzin, der nebst seiner Familie und Dienerschaft der Vernichtung der Tolteken entgangen war und damals in Chapultepec lebte, welches später zerstört wurde.

Die Geschichte berichtet, daß er mit den Seinigen

durch das Land Michoacan gezogen und sich in die
Provinz Aztlan geflüchtet habe, wo er gestorben sei.
Seine Nachfolger waren angeblich sein Sohn Ozolopau,
sein Enkel Aztlal und dessen Erbe Ozolopau II.

Letzterer gedachte des Landes seiner Vorfahren
und beschloß mit seinem ganzen Volke, welches damals
schon den Namen Mezetin führte, dahin zurück zu
kehren. Nächst ihm führten noch Izcahui, Cuexpal,
Yopi und andere Häuptlinge den Befehl über die
Auswanderung. Unter jenen Führern behaupten Aztlal
und Acatl den ersten Rang. Nach unzähligen Aben-
teuern und Gefechten gelangten sie an die Ufer eines
großen, mit vielen Inseln bedeckten See's; die Erinnerung an das Vaterland hatte sich unter ihnen durch
Tradition erhalten, und sie erkannten es, obwohl sie es
früher nie gesehen, sofort wieder. Da ihre Zahl nicht
ausreichte, um den angrenzenden Völkern das Festland
abzutrotzen, so gründeten sie auf dem See eine Stadt,
welche sich über mehrere Inseln erstreckte, die man mit
einander verband und nannten sie nach ihrem eignen
Namen Mexiko. Diese Stadt sollte später die Hauptstadt eines mächtigen Reiches werden.

Obwohl die Mexikaner den See schon im Jahre
1140 erreichten, fing das amerikanische Venedig eigentlich erst im Jahre 1142 an, sich aus den Wellen zu
erheben.

Wir haben diese Umstände angeführt, um den
Fehler eines neueren Geschichtschreibers, der die Grün-

bung der Stadt den Azteken zuschreibt und dieselbe irrthümlich Tenochtitlan nennt, während der wirkliche Name Temixtitlan lautet, zu berichtigen.

(Die Mexikaner stellten sich, um dem Unglück zu entgehen, das sie bereits verfolgt hatte, unter den Schutz des Königs Azcaputzalco, auf dessen Gebiet sie sich niedergelassen hatten. Jener Fürst gab ihnen zwei seiner Söhne zu Regenten, von welchen der erste Acamapichtli hieß. Derselbe war der Häuptling der Tenuchcas; jene Indianer hatten bei ihrer Ankunft in Anahuac einen nopal auf der Spitze eines Felsen gefunden, auf welchem ein Adler saß, der eine Schlange fraß. Sie benannten sich danach. Acamapichtli wählte jenes Sinnbild zum totem des Volkes, das er zu regieren berufen war. Zur Zeit des Befreiungs=krieges nahmen die Insurgenten das alte Sinnbild wieder auf und erhoben es zur Erinnerung an ihre ebenso alte, als glorreiche Abstammung zum Wappen der mexikanischen Republik.)

Mexiko war anfangs ebenso, wie Venedig, ihre europäische Schwester, nur ein elendes Fischerdorf, dessen Bewohner aber durch die fortwährenden Angriffe ihrer Nachbarn zu steter Wachsamkeit gezwungen wurden. Die anfangs auf unzähligen, kleinen Inseln verstreut lebenden Mexikaner empfanden bald das Bedürfniß, sich an einander anzuschließen, um sich besser zur Wehre setzen zu können. Mit großer Geduld und Ausdauer gelang es ihnen auf Pfählen, die sie mit Erde aus=

füllten, Häuſer zu errichten, worauf ſie mit dem
Schlamme der Lagunen, welchen ſie mit Baumzweigen
einbämmten, die chinampas oder ſchwimmenden Gärten
bauten, welche eine der merkwürdigſten Erſcheinungen
der Erde ſind; ſie zogen Gemüſe, rothen Pfeffer und
Mais in denſelben und ſahen ſich mit Hülfe der Jagd
auf die Waſſervögel des Sees in den Stand geſetzt,
ihre Nachbarn zu entbehren.

Nachdem Mexiko in Folge der blutigen Kämpfe
zwiſchen den Spaniern und Mexikanern gänzlich zerſtört
worden, baute es Ferdinand Cortez vier Jahre nach der
Eroberung des Landes von Grund aus wieder auf.
Die neue Stadt hatte aber nicht die entfernteſte Aehn=
lichkeit mit der früheren. Der größte Theil der Canäle
wurde ausgefüllt und durch gepflaſterte Straßen erſetzt,
prachtvolle Paläſte und umfangreiche Klöſter erſtanden
wie durch Zauberei, und die Stadt wurde vollſtändig
ſpaniſch.

So viele geübtere Federn, als die unſere, haben
Mexiko geſchildert, ja, wir haben ſelbſt in früheren
Werken ſo häufig Veranlaſſung gehabt, die Stadt zu
erwähnen, daß wir uns jetzt enthalten wollen, eine
Schilderung zu entwerfen, die uns überflüſſig ſcheint
und ohne Aufenthalt zu unſerer Erzählung zurückkehren.

Es war am zwölften October 1854, genau zwei
Monate nach dem Tage, an welchem der Grafen von
Prébois-Crancé als das Opfer eines ungerechten
Urtheiles in Guaymas unter den Kugeln der Mexikaner

heldenmüthig gefallen war. Schon von früh an war
die Stadt in dichten Nebel gehüllt, aus welchem nach
Untergang der Sonne ein feiner Regen niederfiel, der
trotz der zunehmenden Nebelmassen immer dichter nieder=
strömte. Gegen acht Uhr Abends ließ indessen der
Regen nach und die stehenden Gewässer der Seen spie=
gelten hin und wieder einzelne lichtere Stellen des
Wolkenhimmels zurück. Die schneebedeckte Spitze der
Jztaczihualt oder der weißen Frau (jener Vulkan zeigt
auf seinem Gipfel die Gestalt einer liegenden Frau),
leuchtete beim matten Schimmer des umwölkten Mondes,
während der Popocatepelt (der Name dieses zweiten
Vulkanes, der sich dicht neben dem ersten erhebt, be=
deutet der dampfende Berg), in undurchdringliche Dünste
verhüllt blieb.

Obwohl es noch nicht spät war, schienen die Plätze
und Straßen verödet, weil die Spaziergänger sich eiligst
wegen des schlechten Wetters in ihre Häuser geflüchtet
hatten. Die tiefste Stille herrschte in der Stadt, in
deren Häusern die Lichter allmälig verlöschten und nur
die Tritte der Serenos oder Nachtwächter, die ihre
nächtliche Wanderung mit der gleichgültigen und un=
säglich gelangweilten Miene, die jener ehrenwerthen
Genossenschaft eigen ist, vollbrachten, hallte zuweilen auf
dem schlüpfrigen Pflaster wieder. Nur einige unhar=
monische Laute, die der Nachtwind aus den velorios
herübertrug, unterbrachen die allgemeine Stille; die
Stadt schien in festem Schlafe zu liegen.

Von der Thurmuhr des Domes schlug es eben
halb Zehn, als sich ein Geräusch, das dem Flüstern des
Windes im Schilfe des See's glich, von der gewaltigen
Straße, welche die Stadt mit dem Festlande verbindet,
vernehmen ließ. Je näher das Geräusch kam, um so
deutlicher konnte man die Hufschläge von Pferden, die
dumpf auf der vom Regen durchnäßten Erde wieder=
hallten, unterscheiden. Bald wurde auch eine schwarze
Masse durch den Nebel sichtbar, bis sich endlich zwei
Reiter, in dicke Mäntel gehüllt, im Mondenscheine
zeigten.

Jene Reiter schienen bereits einen langen Weg
zurückgelegt zu haben, denn ihre mit Koth bedeckten
Pferde strauchelten bei jedem Schritte und schienen sich
nur mit Mühe fortzubewegen.

Sie gelangten endlich an ein niedriges Haus,
durch dessen schmuzige Fensterscheiben ein mattes Licht
schimmerte, welches verrieth, daß die Bewohner noch
wach seien.

Vor diesem Hause, das ein Gasthaus war, machten
die Reiter Halt. Der eine von ihnen stieß, ohne ab=
zusteigen, zwei bis dreimal mit dem Fuße gegen die
Thüre und rief zugleich den Wirth in lautem, befehlen=
dem Tone.

Letzterer, welchen die unvermuthete Aufforderung
zu so später Stunde wahrscheinlich aus seiner gewohn=
ten Bequemlichkeit riß, beeilte sich keineswegs zu ant=
worten und würde die Fremden wahrscheinlich noch lange

vor der Thüre seines Gasthofes haben warten lassen,
wenn derjenige, welcher geklopft hatte, des Wartens
überdrüssig, nicht ein wirksameres Mittel entdeckt hätte,
um sich Gehör zu verschaffen.

„Voto a Dios!“ rief er aus, indem er eine
Pistole aus der Satteltasche zog und sie lud, „da sich
der Hund weigert zu öffnen, werde ich ihm eine Kugel
durch die Scheiben seines Fensters hineinschießen.“

Kaum hatte er diese Drohung ausgestoßen, als sich
die Thüre wie durch Zauberei öffnete und der Wirth
auf die Schwelle trat.

Der Mann glich den Gastwirthen aller Länder,
d. h. er hatte das listige, fuchsartige Aussehen, was
allen seinen Genossen eigen ist. Gegenwärtig aber ver=
mochte er sein Entsetzen, das die erdfahle Farbe seines
Gesichtes genügend verrieth, nur mit Mühe unter
einem unterwürfigen Lächeln zu verbergen.

„Holla! Caballero,“ sagte er mit einer ehrer=
bietigen Verbeugung, „habt doch ein wenig Geduld, ich
bitte. Caramba! Wie heftig Ihr seid, daran erkennt
man gleich den forastero, welchem die Sitte des
Landes nicht geläufig ist.“

„Gleichviel, wer ich bin,“ entgegnete der Fremde
barsch, „sagt mir, ob Ihr der Gastwirth seid, ja, oder
nein?“

„Ich habe die Ehre, Caballero,“ antwortete der
Wirth mit einer zweiten, tieferen Verbeugung.

„Wenn dem so ist, Schlingel,“ entgegnete der

Fremde zornig, „so sagt mir doch, mit welchem Rechte Ihr, dessen Pflicht es ist, dem Publikum zu Diensten zu sein, Euch unterfangt, mich hier vor Eurer Thüre Schildwache stehen zu lassen?"

Der Gastwirth hatte große Lust, grob zu werden, doch mahnte ihn nicht nur die entschlossene Miene des Sprechers, sondern auch die Pistole, welche er in der Hand hielt, zur Mäßigung; er antwortete daher in der tiefsten Demuth:

„Seid versichert, Herr, daß ich mich, wenn ich gewußt hätte, wer mir die Ehre erweist, meine niedere Hütte zu betreten, beeilt haben würde, aufzumachen."

„Genug der ungezogenen Reden und öffnet Eure Thüre."

Der Gastwirth verneigte sich dieses Mal stumm und pfiff einem Knecht, der ihm behülflich war, die Pferde der Reisenden zu halten. Letztere stiegen ab und traten endlich in das Haus, während der Knecht ihre müden Thiere nach dem corral führte.

Das Zimmer, in welches man die Reisenden eintreten ließ, war niedrig und verräuchert, und mit abstoßend schmuzigen Tischen und Bänken versehen, welche größtentheils zerbrochen auf dem unebenen Lehmboden umherstanden.

Ueber dem Schenkverschlage des Gastwirthes war ein kleines Standbild der Virgen de la Soledad angebracht, vor welcher ein qualmendes Licht brannte. Kurz, das Haus bot weder Annehmlichkeiten, nach Be=

quemlichkeiten und schien nur ein velorio der unter=
geordnetsten Art zu sein, in welchem sich die elendeste
und verachtetste Klasse der Gesellschaft Mexiko's ver=
sammelte.

Die Reisenden erkannten auf den ersten Blick, an
welchen Ort sie der Zufall verschlagen hatte. Sie ver=
riethen aber nichts von dem, was sie beim Anblicke
dieser Mörderhöhle empfanden, sondern ließen sich so
bequem wie möglich an der Ecke eines Tisches nieder.
Hierauf wandte sich derjenige von ihnen, welcher bisher
das Wort geführt hatte, zu dem Wirthe, indessen sich
sein schweigsamer Begleiter gegen die Wand lehnte
und die Falten seines Mantels höher über seine
Augen zog.

„Wir sind buchstäblich halb verhungert, Meister
Wirth, könnt Ihr uns nichts zu beißen geben?"

„Hm!" entgegnete der Wirth verlegen, „es ist
schon sehr spät, Caballero, und ich weiß wirklich nicht
ob nur eine Mais=Tortilla im Hause vorräthig ist."

„Bah!" antwortete der Reisende, „ich weiß schon
was solche Reden bedeuten; sprechen wir daher ohne
Umschweife, ich habe Hunger, gebt mir zu essen, gleich=
viel wie hoch der Preis ist."

„Und wenn Ihr mir auch für jede Tortilla einen
Piaster geben wolltet, weiß ich doch nicht, ob deren zwei
im Hause zu finden sind," entgegnete der Wirth in
immer gezwungenerem Tone.

Der Reisende schaute ihn eine Weile scharf an,

drückte ihn dann mit der Hand, die er ihm fest auf
den Arm stemmte, zu sich herunter und sagte kurz:

„Wir wollen ehrlich Spiel spielen, no Lusacho,
denn ich bin entschlossen zwei Stunden in Eurer
Spelunke zuzubringen, Ihr mögt wollen oder nicht.
Ich weiß, daß Ihr in Kurzem eine zahlreiche Ge=
sellschaft erwartet, für deren Empfang alle Vorbereit=
ungen getroffen sind.“

Der Wirth wollte leugnen, eine abwehrende Be=
wegung des Reisenden schnitt ihm aber das Wort ab.

„Schweigt,“ fuhr der Fremde fort. „Ich will der
Unterredung Derjenigen, welche ihr erwartet, beiwohnen,
versteht sich ohne von ihnen weder gesehen noch gehört
zu werden, selbst aber nicht nur sehen, sondern auch
Alles hören können, was gesprochen wird. Steckt
mich wohin Ihr wollt, das ist Eure Sache. Da
übrigens jeder Dienst seines Lohnes werth ist, so sollt
Ihr vorläufig zehn Unzen bekommen, und eben so viel,
wenn Eure Gäste fort sind. Ich beeile mich hinzuzu=
fügen, daß Ihr dadurch in keinerlei Ungelegenheiten
kommt und Niemand je erfahren soll, was zwischen
uns verabredet worden ist. Ihr habt mich verstanden,
nicht wahr? Jetzt habe ich nur noch hinzuzufügen, daß,
wenn Ihr meinen Vorschlag ablehnt......“

„Ja, wenn ich ihn ablehne?“....

„So schieß ich Euch eine Kugel vor den Kopf,“
antwortete der Reisende unumwunden. „Mein Freund,

den Ihr hier seht, wird Euch auf seine Schultern laden,
Euch in's Wasser werfen und damit gut. Was sagt
Ihr zu meinem Vorschlage?"

„Nun, Ew. Gnaden," erwiederte der arme Teufel
und machte einen mißlungenen Versuch zu lächeln,
zitterte zu gleicher Zeit aber an allen Gliedern, „ich
meine, daß mir keine Wahl bleibt und ich gezwungen
bin einzuschlagen."

„Schön! Ihr fangt an, zur Einsicht zu kommen;
nehmt unterdessen die Münzen als Schmerzensgeld an
Euch."

Der Wirth steckte das Geld seufzend, und mit
gen Himmel gerichteten Blicken ein.

„Seid unbesorgt, vive Dios!" fuhr der Reisende
fort, „es wird besser gehen, wie Ihr glaubt. Wenn
erwartet Ihr Eure Gäste?"

„Um halb elf Uhr, Ew. Gnaden."

„Gut; es ist jetzt halb zehn Uhr, wir haben also
noch Zeit übrig; wo denkt Ihr uns zu verstecken?"

„Hier, Ew. Gnaden."

„Hier, diablo, und wohin denn?"

„Dort hinter dem Schenkverschlage; keinem Men=
schen wird es einfallen, Euch dort zu suchen, und zwar
um so weniger, als ich Euch selbst als Schutzwehr
dienen werde."

„Ihr wohnt also der Versammlung bei?"

„Ach," entgegnete Jener lachend, „ich bin gänzlich

ungefährlich, und zwar um so mehr, als mein Haus
zu Grunde gerichtet wäre, wenn ich plauderte."

„Das ist wahr; abgemacht also: Ihr werdet mich
hinter dem Schenkverschlage verstecken, wenn es Zeit
ist; haben wir aber, mein Gefährte und ich, hinreichenden
Platz?"

„Ach ja, vollkommen."

„Mir scheint, daß ihr nicht zum ersten Male
ein solches Abenteuer erlebt, wie?"

Der Wirth lächelte stumm.

Der Reisende bedachte sich eine Zeit lang.

„Gebt uns unterdessen etwas zu essen," sagte er
endlich, „hier sind noch zwei Piaster für das, was Ihr
uns auftragen werdet."

Der Wirth nahm das Geld, und trug, ohne zu
bedenken, daß er behauptet, Nichts im Hause zu haben,
in wenigen Augenblicken eine Menge Speisen auf, welche
zwar nicht sehr gewählt, aber doch ziemlich einladend
waren, besonders für Leute, welche großen Hunger hatten.

Die beiden Reisenden sprachen der improvisirten
Mahlzeit wacker zu, und während ohngefähr zwanzig
Minuten hörte man keinen anderen Laut, als das
Arbeiten ihrer Kauwerkzeuge.

Als sie ihren Hunger endlich gestillt hatten, schob
derjenige, welcher sich das Recht zu sprechen allein
angemaßt zu haben schien, seinen Teller zurück und
wandte sich zu dem Wirthe, der bescheiden, mit dem
Hute in der Hand, hinter ihm stand.

„Noch eine Frage," sagte er, „wie viel Gehülfen habt Ihr?"

„Zwei, Ew. Gnaden, den, welcher Euere Pferde in den corral geführt hat, und noch einen."

„Gut; Ihr werdet heute Nacht die beiden Leute zur Bedienung Euerer Gäste wahrscheinlich nicht brauchen."

„Auf keinen Fall, Ew. Gnaden, denn größerer Sicherheit wegen, werde ich die Bedienung selbst über= nehmen."

„Das trifft sich herrlich; dann werdet Ihr auch Nichts dagegen haben, einen derselben nach der ciudad zu schicken. Natürlich soll ihm sein Weg gut bezahlt werden."

„Gewiß nicht; um was handelt es sich, Ew. Gnaden?"

„Um weiter nichts, als diesen Brief," er hatte bei diesen Worten ein zusammengefaltetes und versiegeltes Blatt aus der Brusttasche gezogen, „nach der calle secunda Monterilla, zu dem Senor Don Antonio Rallier zu tragen und mir die Antwort möglichst schnell hierher zu bringen."

„Das ist leicht genug, wenn Ihr mir den Brief anvertrauen wollt, Ew. Gnaden."

„Hier ist er, nebst vier Piastern für den Weg."

Der Wirth verneigte sich ehrerbietig und verließ sofort das Zimmer.

„Ich denke, daß unsere Geschäfte gut gehen, Eu

rumilla," sagte der erste Reisende zu seinem Ge=
fährten.

Jener nickte eine stumme Bejahung.

Bald kam der Wirth zurück.

„Nun?" fragte der Reisende.

„Euer Bote ist fort, Ew. Gnaden, wird aber
wahrscheinlich nicht so bald wiederkommen."

„Warum denn?"

„Weil es verboten ist, des Nachts in der Stadt
umher zu reiten, wenn man keine specielle Erlaubniß
dazu hat, und er daher zu Fuße hin= und zurückgehen
muß."

„Das thut Nichts, wenn er nur vor dem Aufgange
der Sonne zurück ist."

„Er wird lange vorher da sein, Ew. Gnaden."

„Dann bin ich zufrieden; aber ich glaube, daß
die Stunde, zu welcher Ihr Euere Gäste erwartet,
nahe ist."

„Allerdings, Ew. Gnaden, wollt Ihr mir folgen?"

„Gehen wir."

Die Reisenden erhoben sich; der Wirth räumte
rasch die Ueberbleibsel der Mahlzeit weg und führte
seine Gäste dann hinter den Schenkverschlag.

Der ziemlich hohe und tiefe Schenkverschlag bot
ihnen, wenn auch keinen behaglichen Aufenthalt, doch
ein sicheres Versteck, in welchem sie sich, die Pistolen
in der Hand, hinkauerten.

Sie waren kaum hinter demselben verschwunden,

als auf besondere Weise wiederholt an die Thüre der
Schenke geklopft wurde.

X.

Das Rancho.

Wir haben in einem früheren Werke urkundlich
nachgewiesen, daß Mexiko seit der Zeit seiner Unab=
hängigkeitserklärung, nämlich in einem Zeitraume von
ohngefähr vierzig Jahren, bereits zweihundert und
dreißig Revolutionen erlebt hat. Mithin kommen durch=
schnittlich etwa fünf Revolutionen auf jedes Jahr. Wir
sind der Ansicht, daß das für ein Land, welches in Folge
des von der Regierung genommenen Rückschritts=
systems berechtigt wäre, sich wenigstens monatlich
ein Mal zu erheben, ein Beweis großer Mäßig=
ung ist.

Die Ursachen jener Volksaufstände sind und waren
stets dieselben, wie es in einem Lande, wo das Schwert
allein und ohne Einschränkung regiert, und besser
zwanzigtausend Mann starke Armee vierundzwan

zigtausend Offiziere zählt, kaum anders zu er=
warten steht.

Die im Allgemeinen sehr unwissenden und in's
Besondere sehr ehrgeizigen Offiziere, welche nicht im
Stande sind, das geringste Manöver ausführen zu
lassen oder die einfachste Bewegung anzuordnen, finden
in den öffentlichen Störungen der Ordnung ein Mittel
zu avanciren, was ihnen auf anderem Wege nicht ge=
lingen würde, und viele mexikanische Generäle haben
ihren hohen Grad erreicht, ohne je einem Gefechte bei=
gewohnt, oder ein anderes Feuer gesehen zu haben, als
das ihrer Cigarette, die sie fortwährend im Munde
halten. Sie haben aber ihr pronunciamiento mit
Bedacht erlassen, und jedes pronunciamiento hat ihnen
einen, manchmal sogar zwei höhere Grade eingebracht,
bis sie mit Hülfe der pronunciamientos die Schärpe
des Generals errungen und damit die Möglichkeit er=
langt haben, sich einst ebenfalls zum Präsidenten der
Republik ausrufen zu lassen, was das Ziel des Strebens
und der Anstrengungen Aller ist.

Die Reisenden hatten, wie gesagt, kaum Zeit, sich
hinter dem Schenkverschlag zu verstecken, als wieder=
holt auf eigenthümliche Weise an die Thüre der Schenke
geklopft und dem Wirthe damit angezeigt wurde, daß
seine geheimnißvollen Gäste bereits anfingen, sich
einzustellen.

No Lusacho war ein kleiner, dicker Mann, mit
einer listigen Miene, kleinen, grauen, rastlosen Augen,

die scheel umherblickten, und einem runden Bauche. Er
war das ächte Musterbild des mexikanischen Gastwirthes,
der habgieriger ist, wie zwei Juden, und der unter
Umständen, das heißt, wenn es in seinem Vortheile
liegt, recht gut versteht, die Stimme seines Gewissens
zum Schweigen zu bringen und von zwei Seiten Nutzen
zu ziehen.

Er überzeugte sich durch einen schnellen Blick, daß
Alles im Zimmer in Ordnung sei, und Nichts die
Gegenwart der Reisenden verrathe, ging dann nach der
Thüre, fragte aber, wahrscheinlich in der Absicht, den
Ankömmlingen seinen Eifer zu beweisen, ehe er auf=
machte:

„Quien vive?".

„Gente de paz," antwortete eine barsche Stimme,
„mache in's Teufels Namen auf, wenn Du nicht willst,
daß wir Deine Thüre eintreten."

No Lusacho erkannte die Stimme wahrscheinlich,
denn er begnügte sich mit der etwas ungestümen Antwort
und fing sofort an, die Riegel zurückzuschieben.

Die Thüre war kaum halb geöffnet, als bereits
mehrere Männer in die Schenke drangen und einander
so heftig hineinschoben, als ob sie fürchteten, verfolgt
zu werden.

Es waren deren ohngefähr sieben bis acht, und
trotzdem einige von ihnen geglaubt hatten, der Vorsicht
wegen Civilkleidung anlegen zu müssen, erkannte man
sie Alle doch leicht für Soldaten.

Sie lachten und scherzten übrigens so laut, daß
man nothwendig gestehen mußte, wenn es eine Ver=
schwörung, oder sonst eine ungesetzliche That sei, welche
sie in das übel berüchtigte Haus führe, so hatte ihnen
das Bewußtsein des beabsichtigten Unrechtes doch ihre
gewohnte Heiterkeit nicht benommen, und schien über=
haupt nicht hinreichenden Einfluß auf sie zu üben, um
ihre Gemüthsruhe zu stören.

Sie ließen sich an einem Tische nieder, und der
Wirth, welcher ihre Gewohnheiten wahrscheinlich schon
lange kannte, stellte eine Flasche catalonischen resino
und ein Maas pulque vor sie, von welchem sie sich
sofort einschenkten, indem sie ihre Cigarretten drehten.

Der Wirth hatte die Thüre des Rancho offen
gelassen, weil er es wahrscheinlich für überflüssig hielt,
wieder zuzumachen. Die Officiere folgten sich rasch auf
einander und waren bald so zahlreich versammelt, daß
das ziemlich geräumige Zimmer dicht angefüllt war.
Die später Gekommenen folgten dem Beispiele ihrer
Vorgänger und ließen sich gleichfalls an Tischen nieder,
wurden mit Getränk versehen und fingen an zu trinken
und zu rauchen, ohne sich weiter um die früher Ge=
kommenen zu kümmern, welche sie sich begnügten, beim
Eintreten stumm zu grüßen.

No Lusacho schlich fortwährend um die Tische
herum, hatte die Augen überall und trug nicht die ge=
ringste Speise auf, ohne sich die Zahlung dafür sofort
reichen zu lassen.

Endlich erhob sich einer der Officiere, schlug mit seinem Becher wiederholt auf den Tisch, um sich Gehör zu verschaffen und fragte:

„Ist Don Sirven da?"

„Ja, Senor," antwortete aufstehend ein junger Mann von höchstens zwanzig Jahren, dessen weibische Züge durch frühzeitige Ausschweifungen erschlafft schienen.

„Ueberzeugt Euch, daß Niemand von der Versammlung fehlt."

Der junge Mann verneigte sich stumm und ging von Tisch zu Tisch, um mit jedem der Anwesenden etliche Worte zu flüstern.

Nachdem Don Sirven auf solche Weise alle Anwesenden aufgerufen hatte, trat er zu Demjenigen, der ihn abgeschickt hatte, grüßte ihn ehrerbietig und sagte:

„Die Versammlung ist vollzählig, Senor Coronel, bis auf eine einzige Person; da uns dieselbe aber nicht mit Gewißheit versprochen hat, uns beehren zu wollen, so . . ."

„Schon gut, alferez," fiel ihm der Oberst in's Wort, „haltet Euch draußen vor den Schenke auf, beobachtet die Umgebung genau, laßt Niemand in die Nähe kommen, den Ihr nicht kennt, und sollte sich der Bewußte einstellen, so führt ihn augenblicklich her. Ihr habt mich verstanden, vollzieht meine Befehle pünktlich. Ihr werdet wohl begreifen, daß es in Eurem eignen Interesse liegt, mir blind zu gehorchen."

„Verlaßt Euch auf mich, Coronel,“ entgegnete
der junge Mann, worauf er sich vor seinem Vorge=
setzten verneigte und das Haus verließ, dessen Thüre
er hinter sich schloß.

Die Officiere rückten nun, ohne aufzustehen,
ihre Bänke zu einem Halbkreise zusammen und saßen
ihrem Obersten, der in der Mitte des Zimmers Platz
genommen hatte, gegenüber.

Letzterer wartete eine Zeit lang, bis Alles wieder
ruhig war, grüßte dann die Versammlung und ergriff
das Wort.

„Vor allen Dingen,“ sagte er, „erlaube ich mir,
Caballeros, Euch meinen Dank für die Pünktlichkeit
auszusprechen, mit welcher Ihr dem Rufe gefolgt
seid, den ich die Ehre hatte, an Euch ergehen zu lassen.
Dieser Beweis von Vertrauen macht mich sehr glücklich
und Ihr könnt Euch versichert halten, daß ich mich be=
mühen werde, mich desselben würdig zu zeigen. Ich
finde in Eurer Bereitwilligkeit einen ferneren Beweis
Eurer Ergebenheit für das Vaterland, das in der
Stunde der Gefahr mit Gewißheit auf Euren Beistand
zählen kann.“

Der erste Theil der Rede des Obersten wurde,
wie sich erwarten ließ, mit dem jubelndsten Beifall
aufgenommen.

Der Redner war ein Mann von ungefähr vier=
zig Jahren und von so herkulischem Körperbau, daß er
eher einem Fleischer, als einem schmucken, ehrenfesten

Officiere glich. Ueberdieß hatte seine listige Miene und sein lauernder Blick nichts Einnehmendes, abgesehen davon, daß er alle Grade seiner Carriere durch Verrätherei gewonnen hatte.

Bei einer Verschwörung war seine Theilnahme um so wünschenswerther, als er viel zu erfahren und in Hinsicht auf pronunciamientos zu gewitzigt war, um sich an einem hoffnungslosen Unternehmen zu betheiligen. Seine Genossen setzten daher das unbegrenzteste Vertrauen in ihn.

Er ließ den ersten Sturm des Entzückens verrauschen und fuhr dann fort:

„Euer Beifall, Senores, freut mich weniger, als die Treue für die Sache des allgemeinen Wohles, welche Ihr stets bewiesen habt. Nicht wahr, Ihr theilt mit mir die Meinung, daß wir uns nicht länger unter das Joch der despotischen Regierung beugen dürfen, die uns tyrannisirt. Derjenige, welcher gegenwärtig unsere Geschicke in seiner Hand hält, hat sich des Vertrauens, was wir in ihn gesetzt, unwürdig gezeigt. Er hatte alle seine Pflichten gegen uns versäumt und uns dadurch selbst des Eides der Treue entbunden, den wir ihm geleistet. Die menschliche Geduld hat ihre Grenzen und der Verräther soll bald die Stunde der Vergeltung schlagen hören."

Der Oberst war im besten Zuge und würde seine Rede wahrscheinlich noch lange in demselben pathetischen Tone fortgeführt haben, wenn ihn nicht plötzlich einer

der Anwesenden, welchen die zwecklosen, pomphaften
Phrasen wahrscheinlich langweilten, plötzlich unterbrochen
hätte, indem er ihm mit heiserer Stimme zurief:

„Das ist Alles recht schön und gut, Oberst,
rayo de Dios! Alle Welt weiß recht gut, daß wir
dem Vaterlande mit Leib und Seele ergeben sind; jede
Treue ist aber ihres Lohnes werth, cuerpo de Cristo!
Was wird schließlich für uns dabei herauskommen?
Wir sind nicht hergekommen, um uns gegenseitig Weih=
rauch zu streuen, sondern, um uns völlig zu ver=
ständigen. Kommt also ohne weitere Umschweife zur
Sache, wenn ich bitten darf."

Diese barsche Anrede überraschte den Obersten
anfangs nicht wenig, doch faßte er sich bald und
wandte sich lächelnd zu dem Sprecher, indem er sagte:

„Das war eben meine Absicht, bester Capitain,
und wenn Ihr mir nicht in's Wort gefallen wäret, so
würde ich sie schon erörtert haben."

„Das ist etwas Anderes," antwortete der Capitain,
„in dem Falle thut, als hätte ich Nichts gesagt und setzt
uns die Sache in möglichster Kürze aus einander."

„Vor allen Dingen," fuhr der Oberst fort, „habe
ich Euch eine Mittheilung zu machen, die Euch sicher=
lich freuen wird. Wir versammeln uns nämlich heute
zum letzten Male."

„Schön, schön," entgegnete der ungestüme Capitain,
durch die Blicke seiner Gefährten ermuthigt; „laßt also
jetzt hören, welche Belohnung Ihr uns bietet."

Der Oberſt ſah ein, daß keine Ausflüchte mehr
möglich ſeien und er gute Miene zu böſem Spiel
machen müſſe, und zwar um ſo mehr, als ſämmtliche
Anweſende bereit ſchienen, für ihren Gefährten Partei
zu nehmen und ſich bereits ein unheilvolles Geflüſter
hören ließ.

In dem Augenblicke, wo er bei ſich beſchloſſen
hatte, ein Ende zu machen, öffnete ſich die Thüre der
Schenke und ein in einen weiten Mantel gehüllter Mann
trat in Begleitung des alferez Don Sirven ein, welcher
mit lauter Stimme, die das Geflüſter der Einzelnen
übertönte, ausrief:

„Der General, Caballeros, der General!"

Bei dieſer Ankündigung war die Ruhe ſofort wieder
hergeſtellt. Derjenige, welchen man als den General
bezeichnet hatte, trat in die Mitte des Zimmers, blickte
ſich im Kreiſe um, nahm dann den Hut ab, ließ den
Mantel fallen und ſtand in voller Generals=Uniform
vor der Verſammlung.

„Es lebe der General Guerrero!" riefen die
Officiere aus, indem ſie ſich begeiſtert erhoben.

„Ich danke Euch meine Herren, ich danke," ant=
wortete der General, indem er ſich wiederholt verbeugte.
„Eine ſo herzliche Aufnahme freut mich aufrichtig, doch
bitte ich um baldige Ruhe, damit wir die Angelegen=
heit, welche uns hierher führt, ſchnell erledigen können.
Die Zeit iſt koſtbar und trotz der von uns angewandten
Vorſicht iſt es doch nicht unmöglich, daß unſere An=

wesenheit in diesem Hause verrathen worden sein
könnte."

Alle rückten mit leicht begreiflicher Neugierde dem
General näher.

Letzterer fuhr fort.

"Ich werde unverzüglich zur Sache schreiten, ohne
in überflüssige Erörterungen einzugehen, welche uns nur
eine Zeit rauben würden, die wir besser anwenden können.
Mit einem Worte, was ist unser Zweck? Wollen wir
die gegenwärtige Regierung stürzen, um eine andere
einzusetzen, die unseren Ansichten und Interessen besser
zusagt?"

"Ja, ja," riefen die Officiere einstimmig.

"Wir haben uns also gegen die bestehende Ordnung
der Dinge verschworen und sind Rebellen gegen das
Gesetz," fügte der General kaltblütig und unumwunden
hinzu. "Wir setzen als solche unseren Kopf auf's Spiel,
das dürfen wir uns nicht verhehlen; wenn unser Plan
mißlingt und unser Unternehmen scheitert, wird uns
der Sieger unbarmherzig niederschießen lassen. Es wird
uns aber nicht mißlingen," fügte er rasch hinzu, als er
sah, welchen Eindruck die unheilvollen Worte auf die
Versammlung machten, "unser Plan wird nicht scheitern,
weil wir das gefährliche Spiel entschlossen wagen und Jedermann weiß, daß sein Glück der Einsatz desselben ist.
Alle, vom alferez an bis zum Brigade-General wissen,
daß sie im Falle des Gelingens um zwei Grade steigen
und eine solche Aussicht ist lockend genug, um selbst

den Wankelmüthigsten im entscheidenden Augenblicke Ent=
schlossenheit zu geben."

„Ja, ja," unterbrach der Capitain, dessen Worte
den Obersten bereits in Verlegenheit gesetzt hatten, das
allgemeine Schweigen, „es ist allerdings nicht zu ver=
achten und unstreitig ganz angenehm, gleich zwei Grade
auf einmal zu avanciren, man hatte uns aber im Namen
Ew. Gnaden noch etwas Anderes versprochen."

Der General lächelte.

„Ihr habt Recht, Capitain," antwortete er, „und
ich bin Willens, alle in meinem Namen gegebene Ver=
sprechungen zu halten und zwar nicht erst, wie Ihr wahr=
scheinlich glaubt, wenn unser glorreiches Unternehmen
gelungen ist, denn dann könntet Ihr fürchten, daß ich
Ausflüchte und Vorwände suchen könnte, um der ein=
gegangenen Verpflichtung auszuweichen."

„Wann denn?" fragte der Capitain neugierig.

„Sogleich, Senores!" entgegnete der General mit
lauter Stimme, indem er sich nicht an den Capitain,
sondern an die ganze Versammlung wandte. „Ich will
Euch beweisen, daß ich Euch unbedingt vertraue und
an das Versprechen glaube, was Ihr mir gegeben habt."

Die Freude, die Verwunderung, vielleicht auch
der Unglaube erfaßte die Anwesenden in so hohem
Grade, daß sie schweigend und in ängstlicher Spannung
dasaßen.

Der General musterte sie eine Zeit lang, lächelte

dann spöttisch, schritt nach der Thüre des Gasthofes und öffnete sie.

Die Officiere folgten seinen Bewegungen voll Er= wartung, wagten aber in athemloser Spannung nicht, sich der eigennützigen Freude zu überlassen, die sie zu überwältigen drohte.

Nachdem der General einen Blick hinausgeworfen, hustete er zu zwei wiederholten Malen.

„Ich bin hier, Ew. Gnaden," ließ sich draußen eine Stimme durch den Nebel vernehmen.

„Bring die Mantelsäcke her," antwortete Don Sebastian, worauf er gleichmüthig auf seinen früheren Platz zurückkehrte.

Im nächsten Augenblicke trat ein Mann mit einem schweren, ledernen Mantelsacke ein. Der Mann war Carnero, der capataz. Auf einen Wink seines Ge= bieters legte er seine Last hin und entfernte sich, kehrte aber bald mit einem zweiten Mantelsacke zurück, welchen er neben den ersten hinlegte, seinen Herrn ehrerbietig grüßte und dann das Zimmer verließ, dessen Thüre er hinter sich schloß.

Der General öffnete einen der Säcke und schüttete eine Masse blitzender Goldstücke auf den Tisch. Die Anwesenden drängten sich unwillkürlich näher und streckten krampfhaft die Hände aus.

„Erlaubt mir, Senores," fuhr der General mit gewohntem Gleichmuthe fort, indem er die Hand nach= lässig auf das Gold legte, „Euch unsere Bedingungen

in's Gedächtniß zurück zu rufen; unsere Zahl ist fünf
und dreißig, nicht wahr?"

„Ja, General, fünf und dreißig," antwortete der
Capitain, der sich eigenmächtig zum Sprecher der Ver=
sammlung aufgeworfen zu haben schien.

„Gut; jene fünf und dreißig Caballeros zerfallen
in folgende Rubriken: zehn alferez, von welchen Jeder
fünf und zwanzig Unzen zu erhalten hat. Senor Don
Jaime Lupo," fügte er zu dem Obersten gewendet hinzu,
„wollt Ihr gefälligst jedem dieser Herren fünf und
zwanzig Unzen auszahlen?"

Die alferez oder Sous = Lieutenants, drängten
sich durch die Reihen und brachen sich entschlossen Bahn,
um die fünf und zwanzig Unzen in Empfang zu nehmen,
welche ihnen der Oberst auszahlte, worauf sie sich mit
unverhohlener Freude entfernten.

„Ferner," fuhr der General fort, „zwölf Capitains,
welchen Ihr, Senor Don Lupo, in meinem Namen
fünfzig Unzen für Jeden überreichen wollt."

Die Capitains trugen eben so wenig Bedenken,
als ihre Vorgänger, die Lieutenants, das Geld ein=
zustecken.

„Ferner zählen wir zehn tenientes, von welchen
Jeder fünf und dreißig Unzen zu erhalten hat, nicht
wahr?"

Die tenientes oder Oberlieutenants, welche mit
finsterer Miene gesehen hatten, wie die Capitains vor

ihnen bezahlt wurden, nahmen das Geld mit einer Ver=
beugung.

„Jetzt bleiben uns noch drei Obersten, welche
ihrerseits für den Mann hundert Unzen zu beanspruchen
haben, die ich Euch bitte, ihnen zu reichen, lieber
Oberst.“

Letzterer ließ sich die Aufforderung nicht wiederholen.

Der Goldvorrath war indessen noch nicht erschöpft,
sondern es lag noch eine ansehnliche Summe auf
dem Tische.

Don Sebastian Guerrero ließ das Gold, das
beim trüben Scheine der candils unheimlich funkelte,
eine Zeit lang durch seine Finger gleiten, worauf er
das aufgehäufte Gold vor sich auf den Tisch schob.

„Senores,“ fuhr er mit einem huldvollen Lächeln
fort, „es bleiben mir noch ungefähr fünf Hundert
Unzen, mit welchen ich Nichts anzufangen weiß. Ich
erlaube mir daher, Euch aufzufordern, das Geld in
Erwartung des Zeichens, welches ich Euch geben werde,
unter Euch zu theilen.“

Bei dieser letzten wahrhaft fürstlichen Freigebigkeit
kannte der Jubel keine Grenzen; das Geschrei und die
Betheurungen der Ergebenheit arteten fast in Raserei aus.

Der General allein blieb unbewegt und wohnte
der durch den Obersten vorgenommenen Theilung ge=
lassen und kaltblütig bei.

Als das Gold verschwunden und der erste Taumel
des Entzückens verrauscht war, schlug Don Sebastian,

der auf die von der Habsucht erfaßte Menge, wie ein
Geist der Finsterniß, höhnisch boshafte Blicke warf, mit
der Hand leicht auf den Tisch, um Ruhe zu fordern.

Jedermann schwieg.

„Senores," sagte er, „ich habe alle meine Ver=
sprechungen gehalten und dadurch das Recht erworben,
auf Euch zählen zu können. Wir werden uns nicht
wieder versammeln und ich will Euch später meine
Absichten verkünden. Haltet Euch aber bereit, auf
den ersten Wink zur Stelle zu sein. In zehn Tagen
feiern wir den Jahrestag der Unabhängigkeitserklärung.
Wenn mir nichts Störendes dazwischen kommt und ich
mich in meinen Berechnungen nicht irre, werde ich
wahrscheinlich diesen Tag wählen, um uns mit Eurer
Hülfe von den Tyrannen zu befreien, die uns bedrücken.
Ich werde übrigens nicht verfehlen, Euch in Eurer
Wohnung zu benachrichtigen und jetzt wollen wir uns
trennen, denn die Nacht ist bereits vorgerückt und ein
längerer Aufenthalt könnte die heilige Sache gefährden,
für welche wir gelobt haben, zu sterben."

Er grüßte die Versammlung huldvoll und wandte
sich in der Thüre mit den Worten um:

„Lebt wohl, Senores, und bleibt mir treu!"

„Wir sind bereit für Euch zu sterben, General!"
antwortete der Oberst Lupo im Namen Aller.

Der General grüßte ein letztes Mal und ging.
Bald darauf hörte man den Hufschlag mehrerer Pferde,
die sich rasch entfernten, von der Straße her.

„Wir haben hier Nichts mehr zu schaffen, Cabal=
leros," bemerkte der Oberst, „wollen uns daher trennen.
Seid aber der letzten Worte des Generals eingedenk!"

„Don Sebastian Guerrero ist viel zu freigebig,
als daß man ihn verlassen sollte," bemerkte der Capitain,
indem er das Gold, mit welchem seine Taschen ange=
füllt waren, lustig klappern ließ. „Ueberdieß scheint er
mir für den Augenblick der einzige Mensch zu sein, der
im Stande ist, unser unglückliches Vaterland vom Ver=
derben zu retten. Wir sind dem Vaterlande zu treu
ergeben und zu eifrig darauf bedacht, das wahre Wohl
desselben zu fördern, um uns nicht, sobald es noth=
wendig ist, unbedenklich aufzuopfern."

Diese Worte des Capitains wurden von den
Anwesenden lachend beklatscht, hierauf tauschten sie
höfliche Grüße aus und entfernten sich, wie sie gekommen
waren, d. h. einzeln, um kein Aufsehen zu erregen. Fest
in ihre Mäntel gehüllt und mit der Hand auf den
Waffen, um für den Fall einer unangenehmen Be=
gegnung gerüstet zu sein, gingen sie zu Dreien, oder
Vieren.

Eine Viertelstunde später war das Zimmer ge=
räumt und der Wirth konnte endlich sein Haus zuschließen.

„Nun, Senores," redete er die beiden Reisenden
an, welche das Versteck, in dem sie fast zwei Stunden
zugebracht, verlassen hatten, „seid Ihr zufrieden?"

„Vollkommen," antwortete Derjenige, welcher bis=
her allein gesprochen hatte.

„Ja, ja," fuhr der Wirth fort, „wenn ich etwa noch drei bis vier pronunciamientos erlebt habe, hoffe ich mich als ein wohlhabender Mann von den Ge= schäften zurückziehen zu können."

„Das wünsche ich Euch von Herzen, No Lusacho, und um den Anfang zu machen und mein gegebenes Wort zu halten, habt Ihr hier die versprochenen zehn Unzen."

Er reichte ihm bei diesen Worten das Geld.

XI.

Der Paseo de Bucareſi.

Mexiko iſt das Land der unermeßlichen Fernen und der herrlichſten Landſchaften. Mit Recht ſagt der mexikaniſche Dichter Carpio voll Entzücken in dem Liede, das er zum Preiſe ſeines Vaterlandes geſchrieben hat:

„Que magnificos tienes horisontes! "

In der That bilden die Fernſichten eine der Hauptſchönheiten des Landes.

Von allen Hochebenen, welche die Cordilleren einſchließen, befindet ſich Mexiko allein im Mittelpunkte

eines Kreises von Bergen; nach allen Seiten hin bilden
die prachtvollen, himmelanstrebenden, schneebedeckten
Bergspitzen den Hintergrund des Panorama's, und
vollenden, von den Strahlen der Abendsonne vergoldet,
das unvergleichlichste Schauspiel großartiger Alpenland=
schaft, über welcher sich der mildeste Himmel wölbt.

In der allgemeinen Schilderung, welche wir versucht haben von Mexiko zu entwerfen, unterließen wir
die Promenaden zu erwähnen, weil wir uns vorbehielten,
später ausführlicher von denselben zu sprechen.

In Europa und namentlich in Frankreich fehlt es
im Innern der Städte an Promenaden und selbst Paris
besitzt erst seit wenigen Jahren Anlagen, die einer
solchen Stadt würdig sind. In Spanien hingegen hat
der kleinste Flecken mindestens eine Alameda, wo die
Einwohner nach der drückenden Hitze des Tages die
Abendkühle genießen und sich von ihrer Arbeit erholen
können. Der wohlklingende, anmuthige Name Ala=
meda, welchen man versucht wäre für ein arabisches
Wort zu halten und welchen gewisse schlecht unterrichtete
Gelehrte, denen die spanische Sprache nicht geläufig ist,
aus dem Lateinischen herleiten, ist ganz einfach casti=
lianisch und bedeutet buchstäblich e i n e n m i t P a p p e l n
b e p f l a n z t e n P l a t z. Die Alameda von Mexiko ist
eine der schönsten von Amerika.

Sie befindet sich an dem einen Ende der Stadt
und bildet ein mit einer brustwehrartigen Mauer um=
gebenes, längliches Viereck, das von einem ziemlich tiefen

Graben eingefaßt ist, dessen schlammiges Wasser, Dank
der Nachlässigkeit der Regierung, wahrhaft pestilenzialische
Dünste verbreitet. An jedem Ende der Promenade
öffnet sich ein Gitter, durch welches die Wagen, Reiter
und Fußgänger eingelassen werden. Die Menge be=
wegt sich stumm unter dem grünen Blätterdache, welches
die Weiden, Eschen und Pappeln bilden, mit denen die
Haupt=Allee bepflanzt ist. Jene, mit großer Umsicht
gewählten Bäume sind stets grün. Zwar wechseln sie
auch das Laub, doch so allmälig und unmerklich, daß
die Aeste ihres Blätterschmuckes nie gänzlich beraubt
sind.

Zahlreiche Baumgänge münden auf Rundtheile,
wo Springbrunnen lustig plätschern und steinerne, von
Jasmin, Myrthen und Rosensträuchern beschattete Bänke
den ermüdeten Wanderer zur Ruhe einladen. Statuen,
welche leider unter der Mittelmäßigkeit sind, zieren die
Eingänge der Alleen, doch läßt der tiefe, erquickende
Schatten, das Flüstern des Abendwindes in den
Blättern, das Gezwitscher der von Blume zu Blume
flatternden Colibris und der melodische Gesang, der
in den duftigen Büschen der Rundtheile versteckten
Centzontles, jene unglückseligen Kunstwerke bald ver=
gessen, um die Seele in jene süße Träumerei zu wiegen,
welche sie in unbekannte Fernen trägt und der Erde
entrückt.

Mexiko ist aber auch das Land der grellsten Wider=
sprüche und bei jedem Schritte stößt man sowohl auf

die raffinirteste Civilisation, als auf die größte Roh=
heit. Um nur eines Beispieles zu gedenken, erwähnen
wir, daß sämmtliche Wagen, nachdem sie rings um die
Alameda gefahren, die Richtung nach dem Paseo Bucareli einschlagen, während die Fußgänger vergnügt und
gleichmüthig durch eine Allee wandern, in deren Mitte
sich in der Mauer ein breites, mit verrosteten Eisen=
stäben versehenes Fenster, aus welchem eine verpestete
Luft bringt, öffnet. Durch jenes Fenster blickt man in
die Morgue, wohin täglich die halbnackten Leichen der
während der Nacht ermordeten Männer, Weiber und
Kinder geworfen werden. Die blutigen, vom Tode ent=
stellten Körper bieten einen wahrhaft scheußlichen Anblick.
Ist es nicht ein herrlicher Einfall, die Morgue gerade
zwischen den beiden öffentlichen Promenaden der Stadt
anzubringen?

Der Paseo oder die Promenade des Bucareli,
welche nach dem Vicekönige benannt ist, der sie der
Stadt schenkte, hat große Aehnlichkeit mit den Champs-
Élysées und ist im Grunde Nichts, wie eine, mit einer
Doppelreihe von Weiden und Buchen eingefaßte Land=
straße, die mit zwei runden Plätzen versehen ist, in
deren Mitte sich Springbrunnen und jämmerliche alle=
gorische Statuen erheben und Steinbänke für die Fuß=
gänger angebracht sind.

Am Eingange des Paseo de Bucareli befindet
sich die Reiterstatue Carls IV., welche noch im Jahre
1823 die plaza mayor Mexiko's zierte. Nach dem

Sturze jenes Kaisers wurde das Standbild von dem Platze entfernt und in den Hof des Universitätsgebäudes verwiesen. Unsere civilisirten Völker sollten dem Beispiele jenes als roh verschrieenen Volkes folgen, statt nach jeder Revolution die neu errungene Freiheit dazu zu benutzen, in blinder Wuth Alles zu zerstören, was an die gestürzte Regierung erinnert, und nicht vergessen, daß die Geschichte Alles in ihre ewigen Denkblätter verzeichnet. Die Wanderer verdanken es der klugen Mäßigung der Mexikaner, daß sie in der Bucareli-Promenade noch heute jenes denkwürdige Erzbild bewundern können, welches der spanische Bildhauer Manuel Tolsa geschaffen und Salvator de la Vega aus einem Stücke gegossen hat. Der Anblick jenes Meisterwerkes wäre wohl geeignet, die mexikanischen Behörden zur Beseitigung der kläglichen Statuen zu bewegen, welche die schönste Promenade der Stadt schänden.

Vom Paseo de Bucareli genießt man das unvergleichliche Schauspiel der in der leuchtenden Gluth der Abendsonne gebadeten Bergkette. Zwischen den gewaltigen Bogen der Wasserleitung schimmern die weißen Wände der an den Abhängen der Sierra befindlichen Haziendas herüber, sowie die Maisfelder, deren Aehren im Abendwinde wogen, während in nebelhafter Ferne die schneebedeckten Spitzen der Vulkane ihre weißen Häupter erheben.

Erst bei völlig eingebrochener Dunkelheit verlassen die Spaziergänger die Alameda, um sich nach der

Bucareli zu begeben, um welche die Wagen zwei bis
drei Mal herumfahren, worauf sich sowohl die Equi=
pagen, als die Reiter und Fußgänger verlaufen und
die Promenade wieder einsam und verlassen ist. Die
heitere, lärmende Menge verschwindet wie durch Zauberei,
und die einzelnen, verspäteten Wanderer schlüpfen, dicht
in ihre Mäntel gehüllt, rasch zwischen den Bäumen
durch nach ihrer Wohnung zurück; denn nach Einbruch
der Nacht nehmen die Diebe Besitz von der Promenade
und treiben ihr Gewerbe, unbekümmert um die serenos
oder celadores, welche über die allgemeine Sicherheit
zu wachen haben, mit einer Keckheit, welche ihnen nur
die Gewißheit der Straflosigkeit geben kann.

Eines Abends brängten sich, wie gewöhnlich, die
Spaziergänger in dichten Schaaren auf der Alameda.
Die glänzenden Equipagen, schmucken Reiter und be=
scheidenen Fußgänger kamen und gingen unter fröh=
lichem Geschrei, Gelächter und Zurufen, und flutheten
durch die Alleen auf und ab. Da sah man Mönche,
Soldaten, Officiere, Leute der eleganten Welt und lepe=
ros in buntem Durcheinander nachlässig ihre Cigarren und
Cigarretten rauchend und sich den Dampf in's Gesicht bla=
send, mit einem Worte, die volle Ungezwungenheit und
Beweglichkeit der Südländer zur Schau tragend.

Plötzlich tönte der erste Schlag der oracion durch
die Luft; beim Lauten der Kirchenglocke blieben die
Pferde, Wagen und Fußgänger, wie von einem Zauber=

banne gefeffelt, plötzlich ftehen, Diejenigen, welche faßen, erhoben fich und das tieffte Schweigen herrfchte überall. Jedermann bekreuzte fich, nahm den Hut ab und die eben noch fo lärmende Menge verftummte während einiger Minuten, um fich, fobald der letzte Schlag der oracion verhallt war, wieder lärmend in Bewegung zu fetzen. Pferde und Wagen entfernten fich, das Ge= fchrei, der Gefang und die Unterhaltungen begannen wieder, und Jeder nahm den Satz genau an der Stelle auf, wo er unterbrochen worden war.

Allmälig fchlugen die Spaziergänger die Richtung nach dem Bucareli ein, die Wagen wurden feltner, und als die Nacht faft ganz eingetreten war, blieb die Ala= meda völlig verlaffen.

Ein in die reiche Tracht eines campesino ge= kleideter Cavalier, der fein herrliches Pferd mit feltener Gewandtheit handhabte, betrat jetzt die Alameda, durch welche er fein Thier etwa zwanzig Minuten lang traben ließ, während er unterdeffen alle Seitengänge, Büfche und Dickichte durchfpähte und Jemanden oder Etwas zu fuchen fchien.

Nach wenigen Augenblicken aber hatte er fich ent= weder überzeugt, daß feine Bemühungen erfolglos feien, oder wurde durch irgend einen anderen Beweggrund beftimmt, jenes eigenthümliche Schnalzen der Zunge erfchallen zu laffen, was den mexikanifchen ginetes eigen ift, hierauf wandte er fein Pferd und trabte in der Richtung des Paseo de Bucareli davon, indem

er mehrere verdächtig aussehende Reiter, die sich all=
mälig blicken ließen und ihn umschlichen, sich aber
durch sein kräftiges Aussehen und seine stolze Haltung
bis jetzt hatten einschüchtern laſſen, ſpöttiſch grüßte.

Obwohl die Dunkelheit bereits zu groß war, um
die Züge des Reiters zu unterſcheiden, welche überdies
durch die breiten Krämpen ſeines vigogne-Hutes be=
ſchattet waren, verrieth doch ſeine ganze Erſcheinung
die volle Kraft der Jugend. Er war wie zu einem
nächtlichen Streifzuge bewaffnet und trug trotz des
Verbotes der Polizei eine zierliche, ſorgfältig zuſammen=
gerollte Reata an ſeinem Sattelknopfe.

Wir erwähnen hier beiläufig, daß in Mexiko die
Reata für eine ſo gefährliche Waffe gilt, daß es einer
beſonderen Erlaubniß bedarf, um eine ſolche an den
Sattel des Pferdes zu knüpfen, wenn man durch die
Straßen der Stadt reitet.

Die salteadores, welche ſich gleich nach dem Ein=
bruch der Nacht der Straßen bemächtigen und daſelbſt
unumſchränkt hauſen, bedienen ſich keines anderen
Mittels, um Diejenigen einzufangen, die ſie aus=
plündern wollen. Sie werfen ihrem Opfer die Schlinge
über den Kopf, worauf ſie mit verhängtem Zügel da=
vonjagen, während der Unglückliche halb erſtickt aus
dem Sattel gehoben und widerſtandlos in ihre Hände
geliefert wird.

In dem Augenblicke, wo der Reiter, welchen wir
begleiten, in dem Bucareli anlangte, verließen eben

die letzten Wagen die Promenade, welche bald ebenso
veröbet da lag, wie die Alameda. Unser Cavalier
durchtrabte die Promenade zwei bis dreimal und durch=
spähte im Vorübergehen die Seitengänge. Als er eben
seine dritte Runde beenden wollte, kam ein Cavalier aus der
Alameda herübergesprengt, ritt rasch an seiner rechten
Seite vorüber und begrüßte ihn mit den mexikanischen
Worten:

„Santissima noche! Caballero!"

Obwohl an und für sich jener Anruf nichts Auf=
fallendes hatte, schrak der Reiter doch zusammen und
wendete sofort sein Pferd um, worauf er dieselbe
Richtung einschlug, wie Derjenige, welcher ihm den
flüchtigen Gruß zugerufen hatte.

Bald hatte er den Reiter erreicht, denn sobald
sich der erste verfolgt sah, mäßigte er den Schritt seines
Pferdes und es schien, als habe er die Absicht, mit
Demjenigen, welchen er angeredet hatte, näher zu verkehren.

„Eine schöne Nacht zum Spazierenreiten, Senor,"
sagte er, indem er höflich an seinen Hut griff.

„Gewiß!" antwortete der Zweite, „obwohl es be=
reits etwas spät ist."

„Um so günstiger dürfte die Zeit für gewisse Mit=
theilungen sein."

Der zweite Reiter blickte sich um, neigte sich dann
zu seinem Begleiter und sagte:

„Ich hatte es bereits fast aufgegeben, Euch zu
treffen."

„Hatte ich Euch nicht wissen lassen, daß ich kommen würde?"

„Allerdings, doch glaubte ich, es wäre ein plötz= liches Hinderniß eingetreten."

„Ein ehrlicher Mann soll sich durch Nichts ab= halten lassen, eine heilige Pflicht zu erfüllen," ent= gegnete der erste Reiter in pathetischem Tone.

Der andere verneigte sich mit zufriedener Miene.

„Ich kann also auf Euch rechnen, no...?"

„Nennt hier keine Namen, Senor," fiel ihm Jener rasch in's Wort. „Caspita, ein alter Waldläufer, wie Ihr, ein Mann, der so lange Tigrero gewesen, sollte nicht vergessen, daß die Bäume Ohren und die Blätter Augen haben."

„Ja, da habt Ihr Recht, das sollte ich nicht ver= gessen und thue es auch nicht, doch möchte ich mir die Bemerkung erlauben, daß ich nicht recht weiß, wo wir unser Geschäft besprechen wollen, wenn es hier nicht angeht."

„Geduld, Senor, Ihr wißt, daß ich Euch dienen will, weil Ihr mir von einem Manne empfohlen seid, welchem ich Nichts abzuschlagen habe. Laßt Euch daher getrost von mir leiten, wenn Ihr wollt, daß die An= gelegenheit, welche, wie ich von vorn herein verstehen muß, große Schwierigkeiten bietet und mit der äußer= sten Vorsicht geleitet sein will, glücklich beendet werden soll."

„Ich bin es wohl zufrieden, doch müßt Ihr mir sagen, was ich zu thun habe."

„Für jetzt nichts weiter, als mir in einiger Entfernung dahin zu folgen, wohin ich Euch führen will."

„Werden wir noch weit auf diese Weise reiten?"

„Nur noch wenige Schritte, bis nach der hinter der Caserne de l' Acordada gelegenen kleinen Gasse, welche Callejon del Pajaro heißt."

„Hm! Und was soll ich in jener Gasse?"

„Was Ihr für ein mißtrauischer Mensch seid!" antwortete der erste Reiter lachend, „hört mich doch an: Ungefähr in der Mitte der Callejon del Pajaro werde ich vor einem ziemlich unansehnlichen Hause Halt machen, aus welchem ein Mann treten und mir mein Pferd abnehmen wird, während ich hinein gehe. Ihr trefft einige Minuten nach mir ein, versäumt aber nicht, Euch vorher zu überzeugen, daß Euch Niemand folgt. Ihr steigt vom Pferde, übergebt es demselben Manne, der bereits das meinige hält und geht, ohne ein Wort zu sprechen, oder nur Euer Gesicht zu zeigen, gleichfalls in das Haus, dessen Thüre Ihr hinter Euch schließt. Ich werde im Saguan warten und Euch an einen Ort bringen, wo wir ganz ungestört reden können. Seid Ihr das zufrieden?"

„Vollkommen, obgleich ich eigentlich nicht begreife, warum ich, der ich heute zum ersten Male nach Mexiko komme, so große Vorsicht brauchen muß."

Der erste Reiter lächelte spöttisch.

„Soll Euer Unternehmen gelingen?" sagte er.

„Gewiß!" betheuerte Jener mit Nachdruck „und müßte ich mein Leben daran setzen."

„In dem Falle thut, wie ich Euch sage."

„Geht, ich folge."

„Abgemacht also?"

„Abgemacht!"

Der zweite Reiter hielt jetzt sein Pferd an, um seinen Gefährten voran zu lassen, worauf Beide in ziemlich schnellem Schritte in geringer Entfernung von einander die Richtung nach dem Standbilde Carls IV. einschlugen, welches sich, wie wir früher erwähnten, am Eingange des Paseo erhebt.

Die beiden Reiter hatten über dem Sprechen die späte Stunde und die Einsamkeit des Ortes vergessen. In dem Augenblicke wo der erste Reiter an dem Standbilde vorüberkam, fiel eine Schlinge über seine Schultern, worauf er heftig aus dem Sattel gerissen wurde.

„Zu Hülfe!" schrie eine erstickte Stimme.

Der zweite Reiter hatte Alles mit angesehen; er ließ blitzschnell seinen Lasso um seinen Kopf fliegen, und warf ihn, indem er seinem Pferde die Sporen gab über den Kopf des salteador, der seinen Gefährten auf eine Entfernung von zwanzig Schritt eingefangen hatte.

Der salteador sah sich plötzlich gehemmt und vom Pferde geschleudert; der wackere Spitzbube war weit entfernt gewesen zu ahnen, daß ein Anderer wie er, einen wurffertigen Lasso bei sich habe.

Ohne in seinem Laufe inne zu halten zerschnitt der Reiter die reata, welche seinen Freund zu erwürgen drohte, kehrte dann zurück und schleppte den Spitzbuben hinter sich her.

Sobald sich der erste Reiter so glücklich befreit sah, entfernte er die Schlinge, welche ihm den Hals zuzog, und pfiff seinem Pferde, noch ehe er sich von dem Schrecken und dem unsanften Falle erholt hatte. Das treue Thier folgte seinem Rufe, der Reiter schwang sich, so gut es gehen wollte in den Sattel, und eilte zu seinem Retter, der in geringer Entfernung hielt, und ihn erwartete.

„Dank!" rief er ihm entgegen, „jetzt sind wir auf Tod und Leben verbrüdert, und ich werde nie vergessen, daß Ihr mich gerettet habt."

„Bah!" antwortete Jener, „ich habe nur gethan, was Ihr an meiner Stelle auch gethan hättet."

„Möglich, aber, meiner Treu! Carnero wird sich dankbar zeigen!" rief der erste Reiter aus, der in seiner Freude die Vorsicht vergaß, die er vor Kurzem seinem Gefährten empfohlen, keine Eigennamen zu nennen, und sein Incognito selbst verrieth; „ist der picaro todt?"

„So gut wie todt, glaube ich. Was fangen wir mit ihm an?"

„Wenn es eine Leiche ist," antwortete der capataz entschlossen, „so können wir sie leicht nach der Morgue schaffen, die ganz in der Nähe ist. Trotzdem der

Menſch ein erklärter Spitzbube iſt und mich hat er=
morden wollen, beſteht doch in unſerem unglücklichen
Lande eine ſo ſonderbare Polizei, daß wir endloſe
Plackereien mit der Juſtiz bekommen würden, wenn wir
die Unvorſichtigkeit begingen, ihn leben zu laſſen."

Hierauf ſtieg der Sprecher vom Pferde, neigte
ſich zu dem Räuber, der bewußlos zu ſeinen Füßen
lag, befreite ihn von dem Laſſo, und erſchlug ihn kalt=
blütig mit dem Kolben ſeiner Piſtole.

Nachdem dieſer Act ſummariſcher Juſtiz vollbracht
war, entfernten ſich die beiden Männer, aus dem Paseo
de Bucareli ritten aber jetzt, aus Furcht vor einem
neuen Anfalle nebeneinander.

XII.

Geſtändniſſe.

Sobald die beiden Männer den Paseo de Bucareli verlaſſen hatten, trennten ſie ſich verabredeter
Maßen, indem nämlich der capataz vorausritt, während
der Tigrero Martial, welchen der Leſer gewiß bereits
erkannt hat, in gemeſſener Entfernung folgte.

Es geschah Alles, wie es der capataz vorher ge=
sagt hatte.

Die Straßen waren veröbet und außer etlichen
serenos, welche halb schlafend an der Wand lehnten,
begegneten die beiden Reiter nur einer Patrouille von
celadores, die schüchtern einher schritt und viel eher
geneigt schien, ihnen auszuweichen, als sie wegen
ihres gesetzwidrigen Umherreitens in den Straßen der
Stadt zur Rede zu setzen.

Der Tigrero betrat den Callejon del Pajaro,
und sah ungefähr in der Mitte des Gäßchens einen
ziemlich verdächtigen Menschen vor einem ärmlichen
Hause stehen, der das Pferd des capataz beim Zügel
hielt und neugierig nach ihm hin schaute.

Der erhaltenen Weisung gemäß drückte Don
Martial seinen Hut tiefer in die Augen, um dadurch
den neugierigen Blicken des mozo zu entgehen. Er
hielt sein Pferd vor der Thüre jenes Hauses an, stieg
ab, warf dem Manne, der zu warten schien, ohne ihn
anzusehen, die Zügel zu und trat, ohne ein Wort zu
sagen, entschlossen in das Haus, dessen Thüre er hinter
sich schloß.

Er sah sich von dichter Dunkelheit umgeben, nach=
dem er sich aber orientirt hatte, was ihm bei der
gleichförmigen Bauart fast sämmtlicher Häuser Mexiko's
nicht besonders schwer fiel, ging er getrost weiter.

Er durchschritt den saguan und trat von dort in
einen viereckigen Hof, auf welchem sich mehrere Thüren

öffneten. Eine derselben stand offen und ein Mann
mit einer Cigarrette im Munde zeigte sich auf der Schwelle.

Jener Mann war Carnero.

Der Tigrero schritt auf ihn zu, worauf ihm
Jener Platz machte und eintrat. Der capataz schloß
jetzt die Thüre, faßte ihn bei der Hand und flüsterte
ihm zu:

„Kommt."

Trotz der Betheuerungen der Ergebenheit, welche
der capataz kurz zuvor gegen den Tigrero ausgesprochen, verursachte doch die geheimnißvolle Art, mit
welcher Letzterer ihn in das Haus eingeführt hatte, demselben eine geheime Besorgniß, deren er sich nicht erwehren
konnte. In dem Bewußtsein aber, jung, kräftig, gut
bewaffnet, muthig und entschlossen genug zu sein, um
sein Leben nöthigen Falls theuer zu verkaufen, überließ er sich bereitwillig der Leitung Carnero's, obwohl
er mittlerweile bemüht war, die Dunkelheit mit seinen
Blicken zu durchbringen.

Sämmtliche Fenster waren aber durch Rouleaux
so dicht verhangen, daß kein Lichtschein von Außen ein-
bringen konnte.

Der Führer leitete seinen Begleiter durch mehrere
Zimmer, die mit Matten belegt waren, welche den
Schall der Fußtritte dämpften. Hierauf führte er ihn
über mehrere Stufen, bis zu einer Thüre, die er mit
einem Schlüssel, den er aus seiner Tasche zog, aufschloß
und die in ein Zimmer führte, das durch eine Lampe

schwach erhellt war, welche vor einer in einer Ecke auf
einem Piedeſtal an der Wand ſtehenden Statue der Jung=
frau, bie mit einer ausnehmend feinen Spitze verhangen
war, brannte.

„Nehmt jetzt Platz,“ ſagte Carnero, nachdem er
bie Thüre wieder verſchloſſen und ben Schlüſſel, wie
ber Tigrero mit Verwunderung bemerkte, wieder ab=
gezogen hatte, „ſetzt Euch hier auf dieſe butacca, wir
können mit vollkommener Ruhe und Sicherheit mit
einander ſprechen.“

· Don Martial folgte ber Aufforderung und blickte
ſich, nachdem er auf einer butacca bequem Platz ge=
nommen hatte, neugierig im Zimmer um.

Daſſelbe war ziemlich geräumig und koſtbar aus=
geſtattet. An den mit gepreßten Ledertapeten bekleideten
Wänden hingen mehrere werthvolle Gemälde, während
bie Tiſche, butaccas, buffets und Truhen, die ſich
im Zimmer befanden, kunſtvoll in Eben= und Pali=
ſanderholz geſchnitzt waren. Eine Matte von indianiſcher
Arbeit bedeckte ben Fußboden, auf ben Tiſchen lagen
einzelne Bücher umher und auf bem Büffet blitzte reiches
Silbergeräth. Mit einem Worte, Alles in jenem
· Zimmer verrieth wahre Behaglichkeit. Durch bie mit
mauriſchen Vorhängen verſehenen Fenſter brang eine
kühle, erquickende Luft.

Der capataz zündete an der Lampe ber Jungfrau
zwei Kerzen an, welche er auf bem Tiſch ſtellte, dann
brachte er zwei Flaſchen und zwei ſilberne Becher her=

bei, zog eine butacoa heran und nahm seinem Gaste gegenüber Platz.

„Hier setze ich Euch Xereswein vor, welchen ich als echter Xérès de los caballeros empfehlen kann. Jene andere Flasche hingegen enthält chinguirito. Beide stehen vollkommen zu Diensten," fügte er lachend hinzu, „wählt nach Eurem Geschmacke, entweder den aus dem Zuckerrohre gewonnenen Branntwein, oder den Wein."

„Ich danke," antwortete Don Martial, „ich bin nicht aufgelegt zum Trinken."

„Ihr werdet mich doch nicht verletzen wollen, indem Ihr ablehnt mir Bescheid zu thun?"

„Wohlan, so will ich mit Eurer Erlaubniß einige Tropfen chinguirito mit Wasser genießen, nur um Euch zu zeigen, daß ich Eure Artigkeit anerkenne."

„Nun gut," erwiderte der capataz, indem er ihm die mit kunstvoller Silberfiligranarbeit umgebene Krystallflasche hinschob, „bedient Euch."

Nachdem Beide getrunken, der capataz ein Glas Xérès, welchen er mit Kennermiene schlürfte und der Tigrero einige mit einem vollen Becher Wasser ge= mischte Tropfen chinguirito, stellte der capataz seinen Becher schmunzelnd wieder hin und sagte:

„Jetzt muß ich Euch die etwas geheimnißvolle Art, wie ich Euch hergeführt habe, in kurzen Worten erklären; um das etwaige Mißtrauen, das Ihr vielleicht unwill= kürlich empfindet, zu verbannen."

„Ich bin ganz Ohr," antwortete der Tigrero.

„Nun, so nehmt eine Cigarre, die ich als ausge=
zeichnet empfehlen kann," sagte der capataz, indem er
sich selbst eine solche anzündete, nachdem er Don Mar=
tial ein Packet zugeschoben hatte; Letzterer wählte eine
aus und bald waren beide Männer in eine bläuliche,
duftende Rauchwolke gehüllt.

„Wir befinden uns in dem Palais des Generals
Don Sebastian Guerrero," fuhr der capataz fort.

„Was!" rief der Tigrero mit besorgter Miene
aus.

„Beruhigt Euch, Niemand hat Euch eintreten sehen,
kein Mensch weiß, daß Ihr hier seid, denn ich habe
Euch mit Bedacht durch meinen besondern, geheimen
Eingang hergebracht."

„Ich verstehe Euch nicht."

„Die Sache ist einfach genug: Das Haus, durch
welches ich Euch hergeführt habe, gehört mir. Ich habe
aus Gründen, welche näher zu erörtern jetzt zu weit
führen und Euch nicht besonders interessiren würde,
während der Abwesenheit des Generals, als er noch
Gouverneur von Sonora war, einen Durchgang öffnen
und dadurch einen Verbindungsweg mit dem Palais
herstellen lassen. Außer mir ist dieser Zugang Niemandem
bekannt; und," fügte er mit einem unheimlichen Lächeln
hinzu, „er wird mir vielleicht einst von großem Nutzen
sein. Das Zimmer, in welchem wir uns befinden, ge=
hört zu meiner im Palais befindlichen Privatwohnung,
in welche, wie ich mit Stolz behaupte, der General nie

getreten ist. Der Mann, der Euer Pferd hält, ist mir treu ergeben und selbst, wenn er mich verriethe, was sehr wahrscheinlich früher, oder später geschehen wird, wäre seine Abtrünnigkeit nicht besonders gefährlich für mich, denn die geheime Thüre, welche aus meinem Hause in das Palais führt, ist so gut versteckt, daß ich eine Entdeckung schwerlich zu fürchten habe. Ihr könnt daher außer Sorgen sein, denn Eure Gegenwart ist, wie ge= sagt, Niemandem bekannt."

„Wäre es aber nicht möglich, daß man Euch für den Fall der unerwarteten Ankunft des Generals suchte?"

„Gewiß, doch ist auch für diesen Fall gesorgt. Ich habe es mir zur Pflicht gemacht, Nichts dem Zu= falle zu überlassen. Selbst wenn, was bisher nie ge= schehen ist, Jemand hierher käme, kann doch Niemand eintreten, ohne daß ich zeitig genug gewarnt würde, um einen etwaigen Besuch, der nicht gesehen zu werden wünscht, verschwinden zu lassen."

„Eine solche Vorsicht muß ich loben und ich sehe mit Vergnügen, welch' ein behutsamer Mann Ihr seid."

„Die Vorsicht ist, wie Ihr wißt, Senor, die Mutter der Sicherheit, und dieses Sprichwort bewährt sich nirgends in so hohem Grade, wie in Mexiko."

Der Tigrero verneigte sich zwar höflich, aber mit der Miene eines Mannes, welcher meint, über den einen Gegenstand genug gehört zu haben und zu einem anderen überzugehen wünscht.

Der capataz schien seine Miene verstanden zu
haben, denn er fuhr lächelnd fort:

„Doch genug davon, gehen wir jetzt, wenn es
Euch recht ist zu dem eigentlichen Gegenstande unserer
Zusammenkunft über: Ein Mann, dessen Namen aus=
zusprechen überflüssig ist, welchem ich aber, wie ich
bereits früher die Ehre hatte, Euch zu versichern, mit
Leib und Seele ergeben bin, hat Euch an mich ver=
wiesen, um Euch gewisse Nachrichten, an welchen Euch
gelegen ist und von welchen er meint, daß ich sie Euch
ertheilen kann, zu geben. Laßt mich jetzt hinzu fügen,
daß der Vorfall des heutigen Abends, wo Ihr so groß=
müthig zu meiner Hülfe gekommen seid, mir es nicht
allein zur Pflicht macht, Euch jene Auskunft zu ertheilen,
sondern auch das Gelingen des Planes, gleichviel,
welcher Art er ist, den Ihr im Schilde führt, auf jede
Weise zu fördern. Ihr könnt ganz offen mit mir
sprechen und wenn Ihr Nichts verberget, werdet Ihr
jedenfalls Ursache haben, Euch Eurer Offenheit zu
freuen.“

„Senor,“ antwortete der Tigrero bewegt, „Euer
großmüthiges Anerbieten rührt mich um so mehr, als
Ihr so gut wie ich wißt, mit wie viel Gefahren nicht
nur das Gelingen, sondern selbst die Ausführung jenes
Planes verbunden ist.“

„Ihr sprecht vollkommen wahr, doch ist es für
jetzt besser, wenn ich mir, selbst Euch gegenüber, das
Ansehen gebe, jene Gefahren nicht zu kennen, um Euch

die Fragen, welche Ihr mir vorzulegen habt, voll=
kommen rückhaltlos aussprechen zu lassen."

„Ja," entgegnete Jener, und schüttelte traurig den
Kopf, „meine Lage ist freilich mißlich, der Kampf,
welchen ich wage, dermaßen verzweifelt, daß ich, trotz
des Beistandes treuer Freunde nicht vorsichtig genug
sein kann. Sagt mir vor allen Dingen, was Euch
von dem Schicksale der unglücklichen Anita de Torrès
bekannt ist? Ist sie wirklich wahnsinnig, wie das
Gerücht sagt?"

„Wißt Ihr, was in der Höhle geschehen ist, nach=
dem Ihr in den Abgrund gestürzt waret?"

„Leider nein, ich schwebe über die Ereignisse, die
nach der Zeit eingetreten sind, wo man mich für todt
hielt, im vollständigsten Dunkel."

Carnero bedachte sich einen Augenblick.

„Wenn ich Eure Fragen eingehend beantworten
will, Don Martial, so muß ich ziemlich weit ausholen.
Habt Ihr Geduld, mich anzuhören?"

„Ja," entgegnete Jener unbedenklich, „denn Vieles
ist mir unbekannt, was ich zu wissen verlange, redet
also ungescheut, Senor und verbergt mir Nichts, ich
beschwöre Euch, wie schmerzlich Eure Erzählung stellen=
weise auch sein wird."

„Ich gehorche; die Nacht ist übrigens noch lang,
wir haben keine Eile und in zwei Stunden könnt Ihr
Alles erfahren haben."

„Ich harre des Augenblickes mit Ungeduld, wo es Euch gefallen wird, anzufangen."

Der capataz vertiefte sich geraume Zeit in ernste Betrachtungen, endlich blickte er auf, legte den linken Arm auf den Tisch, beugte sich vor und begann:

„Zu der Zeit, wo sich die Ereignisse, welche ich jetzt erzählen will, zutrugen, befand ich mich als mayor domo in der hazienda del Palmar, bin daher bei jenen Vorfällen nur zum Theil Augenzeuge gewesen, während mir das Uebrige gerüchtweise zu Ohren kam. Als die Comanchen unter der Leitung der weißen Jäger anlangten, lag Don Sylva de Torrès schwer verwundet am Boden und preßte im letzten Todeskampfe seine Tochter Anita an's Herz, welche plötzlich, als sie Euch mit dem indianischen Häuptling in den Abgrund stürzen sah, wahnsinnig geworden war. Don Sebastian Guerrero war der einzige Verwandte, welchen das unglückliche Mädchen noch besaß und man brachte sie daher zu ihm nach der hazienda del Palmar."

„Was!" rief der Tigrero verwundert aus, „Don Sebastian wäre mit Anita verwandt?"

„Habt Ihr es nicht gewußt?"

„Gewiß nicht; ich habe doch mehrere Jahre lang ziemlich vertraut mit der Familie Torrès verkehrt, deren Tigrero ich sogar eine Zeit lang war."

„Ich weiß es; die Verwandtschaft hängt folgendermaßen zusammen: Don Sebastian hatte eine Nichte des Don Sylva zur Frau, war daher ziemlich nahe

mit ihm verwandt. Aus Gründen, welche ich nie er=
fahren habe, kam es indessen wenige Jahre nach der
Verheirathung des Generals zu einem Streite, in Folge
dessen sich die Familien entzweiten und allen Verkehr
mit einander vollständig abbrachen. Das ist vermuth=
lich auch die Ursache, weshalb Ihr von der zwischen
den Familien Sylva und Torrès bestehenden Verwandt=
schaft nie gehört habt."

Der Tigrero nickte mit dem Kopfe.

„Fahrt fort," sagte er, „wie nahm der General
seine Verwandte auf?"

„Anfangs war er nicht in der hazienda zugegen,
doch schickte man ihm sofort einen expressen Boten, welcher
kein Anderer war, wie ich. Der General kam schleunigst
her, schien über das doppelte Unglück, welches das junge
Mädchen betroffen hatte, sehr betrübt und gab Befehl,
sie wohl zu pflegen. Nachdem er ihr einige Frauen zur
Bedienung überlassen, kehrte er auf seinen Posten nach
Sonora zurück, wohin ihn wichtige Ereignisse riefen."

„Jawohl, ich habe von dem Einrücken jener
Franzosen gehört, deren Anführer auf Befehl des
Generals erschossen wurde, davon wolltet Ihr wohl eben
sprechen, nicht wahr?"

„Ja; sehr bald nach jenen Ereignissen kehrte der
General, als ein völlig verwandelter Mensch nach der
hazienda zurück. Der Tod seiner Tochter stimmte
ihn gegen seine ganze Umgebung finsterer und härter.
Eine ganze Woche lang schloß er sich in seine Zimmer

ein und ließ Niemanden vor. Endlich ließ er mich eines
Tages rufen, um mich nach Allem auszufragen, was
während seiner Abwesenheit in der hazienda geschehen
war. Ich hatte ihm nicht viel zu berichten, denn das
Leben in jenem entlegenen Hause war höchst einfach und
einförmig und bot Nichts, was namentlich ihn hätte
interessiren können. Er hörte mich indessen geduldig
an, saß, den Kopf in die Hand gestützt, mit gerunzelten
Brauen da und schien besonders Alles zu beachten, was ich
von Dona Anita erzählte, deren stiller, ungefährlicher
Wahnsinn selbst uns Männer zu Thränen rührte, wenn sie
blaß und geisterhaft wie ein Gespenst durch die Gänge
der huerta irrte, wobei sie stets denselben Namen
murmelte, welchen keiner von uns verstehen konnte und
mit dem schönen, bethränten Gesicht gen Himmel blickte.
Der General ließ mich ausreden und als ich fertig
war, schwieg er eine Zeit lang, blickte dann auf, schaute
mich zornig an und sagte:

„Was stehst Du hier?"

„Ich erwarte die Befehle, die mir Ew. Gnaden
etwa zu ertheilen haben," antwortete ich.

Er betrachtete mich eine Zeit lang mit durch=
dringendem Blicke, als ob er meine geheimsten Ge=
danken errathen wolle, legte dann seine Hand auf meinen
Arm und sagte:

„Carnero, Du bist schon lange in meinem Dienste,
sieh Dich vor, daß Du nicht bald fortgeschickt wirst.
Ich liebe es nicht," fügte er mit Bedeutung hinzu,

wenn meine Dienstleute gar zu intelligent und scharf=
sichtig sind. Als ich versuchte, mich zu verantworten,
sagte er: Still, ich will kein Wort hören, beherzige diesen
Wink und führe mich jetzt nach dem Zimmer der Dona
Anita. Ich gehorchte niedergeschlagen. Der General
schloß sich eine volle Stunde mit dem jungen Mädchen
ein. Ich habe nie erfahren, was während dieser Zeit
zwischen den Beiden geschehen ist. Zu wiederholten
Malen hörte ich allerdings den General in lautem,
zornigem Tone reden. Dona Anita weinte und schien
ihn anzuflehen. Das war aber Alles, was ich ver=
nehmen konnte, denn die Vorsicht gebot, mich fern ge=
nug zu halten, um kein Wort verstehen zu können, was
der General sprach. Als er endlich heraustrat, war
er blaß und befahl mir kurz, Alles zu seiner Abreise
vorzubereiten. Am folgenden Tage brachen wir bei
Sonnenaufgang nach Mexiko auf. Dona Anita be=
gleitete uns in einem Palankin. Die Reise währte
lange, doch sprach der General während der ganzen
Dauer derselben kein Wort mit dem armen Mädchen
und näherte sich dem Palankin nicht einmal. Gleich nach
unserer Ankunft wurde Dona Anita nach dem Kloster
der Bernhardinerinnen, wo sie erzogen war, gebracht.
Die guten Schwestern nahmen sie mit Thränen der
schmerzlichsten Theilnahme auf. Es fiel dem General,
vermöge des Einflusses, welchen er besaß, nicht schwer,
sich zum Vormunde des jungen Mädchens ernennen zu
lassen, worauf er sofort die Verwaltung ihrer Güter

übernahm, welche, wie Ihr wissen werdet, selbst für hiesige Verhältnisse, wo große Reichthümer nichts Seltenes sind, für bedeutend gelten."

„Das weiß ich," seufzte der Tigrero.

„Nachdem das Alles besorgt war, kehrte der General nach Sonora zurück, um seine Angelegenheiten zu ordnen und seinem Nachfolger das Amt zu über= geben, zu welchem Zwecke Letzterer bereits seit mehreren Tagen nach dem neuen Posten abgegangen war. Ich brauche Euch, was später geschah, nicht zu erzählen, es ist Euch bereits bekannt, wir sind übrigens erst seit vierzehn Tagen wieder in Mexiko eingetroffen, und Ihr seid uns mit Euren Freunden vom Felsengebirge aus, so zu sagen, auf dem Fuße gefolgt."

Der Tigrero blickte auf.

„Ist das wirklich Alles?"

„Ja," entgegnete der capataz.

„Auf Ehre?" fragte Don Martial noch einmal mit einem durchbohrenden Blicke.

Carnero bedachte sich.

„Nein," antwortete er endlich, „noch einen Um= stand, den Ihr erfahren müßt, habe ich Euch nicht gesagt."

XIII.

Don Martial.

Der capataz stand auf, öffnete eine Thüre, ent=
fernte sich kurze Zeit und kam dann wieder, um seinen
früheren Platz, dem Tigrero gegenüber, wieder einzu=
nehmen. Er schenkte sich ein Glas Xeres ein, welches
er auf einen Zug leerte, stützte den Kopf in die Hand
und schwieg eine Zeit lang.

Don Martial folgte den verschiedenen Bewegungen
des capataz mit Verwunderung. Da er endlich sah,
daß derselbe noch nicht entschlossen sei, ihm die ge=
wünschte Mittheilung zu machen, neigte er sich zu ihm,
und berührte ihn leise.

Carnero schrak zusammen, als ob ihn ein glühen=
des Eisen getroffen hätte.

„Ihr habt mir wohl etwas Furchtbares zu ent=
hüllen?" fragte der Tigrero leise.

„Etwas so Furchtbares, mein Freund," entgegnete
der capataz in einem Tone, der eine unbeschreibliche
Furcht verrieth, „daß ich selbst hier, fern von allen un=
berufenen Lauschern und vollkommen allein mit Euch,
Bedenken trage, es auszusprechen."

Der Tigrero schüttelte traurig den Kopf.

„Redet, mein Freund," sagte er weich, „ich habe

seit einigen Monden so bitteren Schmerz erfahren, daß die Verzweiflung schon längst die Spannkraft meines Geistes untergraben hat. Wie schrecklich auch der Schlag sein mag, der meiner harrt, werde ich ihn doch standhaft ertragen, denn leider vermag der Schmerz Nichts mehr über mich."

„Ja, Ihr seid ein Mensch von Eisen, ich weiß es wohl. Ihr habt siegreich gegen das Unglück gekämpft, seid aber versichert, Don Martial, daß es weit gräß= lichere Schmerzen giebt, als den Tod, Leiden, welche so furchtbar sind, daß ich mich nicht für berechtigt halte, sie Euch aufzuerlegen."

„Das Mitleiden, das Ihr mir beweist, mein Freund, ist im Grunde nur Schwäche; denn ich werde nicht eher sterben, bis das Werk vollbracht ist, welchem ich fortan mein freudloses Dasein gewidmet, das mir der Himmel in seinem Zorne gelassen hat. Ich habe gelobt Diejenige, welche einst zu einer glücklicheren Zeit meine Braut war, mit Gefahr des eignen Lebens zu beschützen."

„In dem Falle ist der Augenblick gekommen, Euer Gelübbe zu erfüllen, denn das arme Kind hat nie in größerer Gefahr geschwebt, wie eben jetzt."

„Was wollt ihr damit sagen?" fuhr der Tigrero heftig auf, „redet deutlicher, ich beschwöre Euch darum."

„Ich will damit sagen, daß Don Sebastian nach dem Besitze des unermeßlichen Vermögens seiner Mündel trachtet, weil er desselben zur Durchführung seiner ehrgeizigen Pläne bedarf. Ich will mit einem Worte sagen, daß er gewissenlos, unmenschlich und frech genug ist, sich zum Henker der Unglücklichen zu machen und vergißt, daß sie ihm von dem Gesetze nur anvertraut worden ist, weil sie den Verstand verloren hat."

„Weiter, sprecht! Welchen neuen, abscheulichen Plan mag jener Mensch im Schilde führen?"

„Ach!" erwiderte der capataz mit schneidendem Hohne, „es ist ein einfacher Plan, welchen gewisse Leute als ebenso rechtschaffen, wie herrlich und unvergleichlich preisen."

„Ihr spannt mich auf die Folter!"

„Nun gut, so sollt Ihr Alles wissen: Der General Don Sabastian Guerrero beabsichtigt seine Mündel zu heirathen."

„Was sagt Ihr da?" rief Don Martial entsetzt aus, „er sollte seine Mündel heirathen wollen, das ist ja nicht möglich."

„Nicht möglich?" hohnlachte der capataz, „da kennt Ihr den Mann mit dem eisernen Willen schlecht! Ist er doch ein reißendes Thier in Menschengestalt und zerstört Alles, was ihm in den Weg zu treten wagt. Er will seine Mündel heirathen, um sie ihres Vermögens zu berauben und er wird es durchsetzen, das seid versichert."

„Sie ist aber wahnsinnig!"

„Das ist sie allerdings."

„Welcher Priester sollte entartet genug sein, eine
so gotteslästerliche Ehe einzusegnen?"

„Ihr vergeßt," sagte der capataz achselzuckend,
„daß mein Herr, der General, den Talisman besitzt, vermittelst deſſen man Alles haben, Alles durchſetzen,
Alles kaufen kann, seien es Männer, Weiber, Ehren-
stellen oder Gewiſſen. Der wunderthätige Talisman
ist das Gold!"

„Das ist wahr, ist leider wahr," rief der Tigrero
verzweifelnd aus, hierauf barg er den Kopf in den
Händen und blieb unbeweglich ſitzen, als habe ihn
plötzlich der Blitz getroffen.

Es entstand ein langes Schweigen, das nur durch
die erstickten Seufzer unterbrochen wurde, welche ſich der
breiten Brust des Tigrero entwanden.

Es war ein herzzerreißender Anblick, den starken,
muthigen, vom Schickſale schwer heimgesuchten Mann
so niedergeschlagen und von der Verzweiflung über-
wältigt zu sehen. Er zerfloß in Thränen, wie ein
schüchternes, furchtsames Kind.

Der capataz stand mit verschränkten Armen,
finster gerunzelten Brauen und blaſſem Geſichte da, und
betrachtete ihn mit dem Ausdrucke eines milden, theilnehmenden Mitleidens.

„Don Martial," redete er ihn endlich mit fester,
entschloſſener Stimme an.

„Was wollt Ihr von mir?" antwortete der
Tigrero, und blickte verwundert auf.

„Ihr sollt mich anhören, denn ich bin noch nicht
zu Ende."

„Was habt Ihr mir weiter zu verkünden?" fragte
Jener schmerzlich.

„Faßt Euch, wie es einem Manne, der Ihr seid,
ziemt, und laßt Euch nicht wie ein Kind, oder ein
schwaches Weib von der Verzweiflung niederbeugen.
Habt Ihr schon ernstlich jeder Hoffnung im Stillen
entsagt?"

„Habt Ihr mir nicht selbst gesagt, daß der Mann
einen eisernen Willen habe, der durch Nichts zu beugen
sei?"

„Das habe ich allerdings gesagt, ist das aber ein
Grund, den Kampf von vorn herein aufzugeben und
haltet Ihr ihn auch für unverwundbar?"

„Richtig," fuhr der Tigrero heftig auf, „ich kann
ihn ja tödten!"

Der capataz zuckte verächtlich die Achseln.

„Ihn tödten?" wiederholte er, „was fällt Euch
ein, das wäre die Rache eines Dummkopfes. Das ist
übrigens ein letztes Mittel, was Euch immer noch übrig
bleibt, wenn alle anderen fehlgeschlagen sind. Nein,
Ihr könnt etwas Anderes thun."

Don Martial blickte den capataz scharf an.

„Ihr haßt ihn ebenfalls, sonst würdet Ihr nicht
so reden, wie Ihr es thut."

„Gleichviel, ob ich ihn hasse, oder nicht, die Haupt=
sache ist, daß ich Euch dienen will."

„Ganz richtig," murmelte der Tigrero.

„Habt Ihr," fuhr der capataz fort, „überdieß ganz vergessen, durch wen Ihr mir empfohlen seid?"

„Durch Valentin," sagte Don Martial.

„Ja, durch Valentin, der mir, wie Ihr, das Leben gerettet hat, und welchem ich gleichfalls eine ewige Dank=barkeit schulde."

„Ach!" versetzte Don Martial muthlos, „selbst Valentin hat es aufgegeben, gegen diesen Satan zu streiten."

Der capataz lachte höhnisch in sich hinein.

„Glaubt Ihr das wirklich?" fragte er spöttisch.

„Was kümmert es mich," murmelte der Tigrero.

„Der Schmerz verblendet Euch und macht Euch selbstsüchtig, Don Martial," antwortete er, „aus Rück=sicht aber auf die Leiden, die ich Euch ohne mein Ver=schulden zugefügt habe, will ich Euch verzeihen."

Hier schwieg er, schenkte sich ein Glas Xereswein ein, welches er austrank, sich dann wieder auf die butacca streckte und sagte:

„Das wäre ein schlechter Arzt, der, nachdem er eine schwere Operation vollzogen, nicht die geeigneten Mittel anzuwenden wüßte, um die Wunde zu heilen."

„Was wollt Ihr damit sagen?" fragte der Ti=grero, dessen Neugierde durch die Worte und den Ton, in welchem sie gesprochen wurden, erwachte.

„Glaubt Ihr denn," fuhr der capataz fort, „daß ich mich würde entschlossen haben, Euch so großen

Schmerz zu bereiten, wenn mir nicht das Mittel zu
Gebote stünde, denselben, durch eine überschwengliche
Freude auszugleichen? Sagt, habt Ihr das geglaubt?"

"Seht Euch vor, Senor," antwortete der Tigrero
mit bebender Stimme, "seht Euch vor, was Ihr thut,
denn ich weiß nicht, warum ich gegen meine bessere
Ueberzeugung neue Hoffnung schöpfe, und ich kann Euch
im Voraus versichern, daß mich der Verlust dieser letzten
Illusion so sicher tödten würde, wie ein Dolchstich."

Der capataz lächelte mild und freundlich und
sagte:

"Hofft mein Freund, hofft, sage ich Euch, das
ist es eben, was ich wünsche, denn Ihr sollt an mich
glauben lernen."

"Sprecht, Senor," antwortete Jener, "ich, höre
Euch voll Vertrauen an und kann versichern, daß ich
Euch nicht zutraue, mit einem Schmerze, wie dem meinen,
ein herzloses Spiel zu treiben."

"Recht so, jetzt seid Ihr in der Stimmung, in
welcher ich Euch haben wollte. Hört mich jetzt an:
Nicht wahr, ich habe Euch gesagt, daß Dona Anita
gleich nach ihrer Ankunft in Mexiko durch Don Sebastian nach dem Kloster der Bernhardinerinnen gebracht
wurde?"

"Ich glaube mich in der That dessen zu entsinnen."

"Gut; die guten Nonnen, welche Dona Anita
erzogen hatten, nahmen sie mit offnen Armen auf.
Das junge Mädchen wurde unter den Pflegerinnen

ihrer Kindheit, welche sie ebenso aufmerksam, als zart=
fühlend behandelten und in der Umgebung ihrer Kind=
heit ruhiger. Ihre Verzweiflung verwandelte sich all=
mälig in eine sanfte Schwermuth und die durch eine
furchtbare Katastrophe gestörten Fähigkeiten ihres Geistes
fanden die frühere Spannkraft wieder, kurz die Liebe
und Zärtlichkeit der Nonnen beschwor allmälig den
Wahnsinn, der seine dunklen Schwingen über ihren
Geist gebreitet hatte und entriß sie demselben schließlich
vollständig."

„Sie hat also ihr Bewußtsein wieder erlangt?"
fragte Don Martial.

„Ich will es nicht mit Gewißheit behaupten, denn
vor der Welt gilt sie noch immer für verrückt."

„Aber! . . ." stammelte der Tigrero athemlos.

„Aber," fuhr der capataz fort und betonte ab=
sichtlich jedes Wort, indem er zugleich seinen Gast durch=
dringend anschaute, „was die ganze Welt glaubt, muß
durch einen schlagenden Beweis des Gegentheils wider=
legt werden."

„Aber, wie kommt Ihr zur Kenntniß dieser Ein=
zelnheiten?"

„Auf die einfachste Weise. Don Sebastian, mein
Gebieter, hat mich verschiedene Male mit Aufträgen an
die Vorsteherin des Klosters der Bernhardinerinnen
geschickt und zufällig habe ich in der Pförtnerin eine
Verwandte von mir erkannt, welche ich schon längst für
todt gehalten. In der Freude des Wiedererkennens und

vielleicht auch, um sich für das lange Schweigen schablos
zu halten, was ihr auferlegt ist, erzählt mir die wackere
Frau, so oft sie mich sieht, Alles, was im Kloster ge=
than und gesprochen wird, und die Unterhaltung der
guten Nonne ist ausnehmend lehrreich. Dieselbe zeigt
sich sehr theilnehmend gegen mich, ich habe sie gern und
höre ihr bereitwillig zu, versteht Ihr mich jetzt?"

„Weiter, weiter!"

„Für jetzt bin ich so ziemlich zu Ende. Wie aus
den Reden der Nonne hervorgeht, scheinen die Schwestern
und namentlich die Vorsteherin die Heirathspläne des
Generals keineswegs zu begünstigen."

„Ach, die wackeren Frauen!" rief der Tigrero im
Uebermaße der Freude aus.

„Nicht wahr?" entgegnete der capataz lachend.
„Das ist jedenfalls auch die Ursache, weshalb sie die
Heilung ihres Pfleglings so geheim halten, wahrscheinlich
in der Hoffnung, daß, so lange das arme Kind für
wahnsinnig gilt, der General nicht wagen wird, das
beabsichtigte, gotteslästerliche Bündniß einzugehen. Un=
glücklicher Weise kennen sie den Mann, welchen sie vor
sich haben, nicht, und wissen nicht, daß der glühende
Ehrgeiz, der ihn beherrscht, ihn zu jeder Schandthat
treiben wird, welche denselben befriedigen kann."

„Ach," seufzte der Tigrero muthlos, „Ihr seht
ja, Freund, daß ich verloren bin."

„Nur Geduld, mein Freund, vielleicht ist Euere
Lage doch nicht so verzweifelt wie Ihr meint."

„Das Herz möchte mir brechen."

„Faßt nur Muth und hört mich zu Ende. Ich bin gestern im Kloster gewesen und hatte die Ehre mit der Vorsteherin zu sprechen, welche mir, da sie weiß, wie viel Antheil ich, trotzdem ich der Diener Don Sebastian's bin, an dem Schicksale Dona Anita's nehme, unter dem Siegel der Verschwiegenheit anvertraut hat, daß das junge Mädchen den Wunsch ausgesprochen, zu beichten."

„So, und wißt Ihr aus welchem Grunde?"

„Nein, das weiß ich nicht."

„Das scheint mir aber ein leicht zu befriedigender Wunsch zu sein, denn es sind dem Kloster Priester und Mönche beigegeben."

„Ganz recht, doch scheint es fast, als ob, aus Gründen, die ich nicht kenne, weder die Vorsteherin, noch Dona Anita einen jener Priester oder Mönche zum Beichtvater wünschten; und ..."

„Und?" fiel ihm Don Martial eifrig in's Wort.

„Nun, die Vorsteherin hat mir Auftrag gegeben, ihr einen Priester oder Mönch zu schicken, zu welchem ich Vertrauen habe."

„So?"

„Versteht Ihr, Freund?"

„Freilich, fahrt nur fort, um Gottes Willen!"

„Ich soll denselben nach dem Kloster bringen."

„Habt Ihr den Beichtvater bereits gefunden?" fragte Don Martial athemlos.

„Ich glaube, ja," antwortete der capataz lächelnd, „was sagt Ihr Don Martial?"

„Auch ich habe ihn gefunden," antwortete Jener erfreut, „wann sollt Ihr den Beichtvater nach dem Kloster bringen?"

„Morgen, zur oracion."

„Schön und Ihr habt ihm jedenfalls einen Ort angegeben, wo er Euch treffen soll?"

„Caspita, das habe ich natürlich nicht versäumt. Er soll mich im Parian erwarten, wo ich ihn beim ersten Schlage der oracion treffen will."

„Ich bin im Voraus überzeugt, daß er sich pünkt= lich einstellen wird."

„Der Meinung bin ich auch; sagt mir jetzt, Senor, ob Ihr glaubt, daß die Zeit, während welcher Ihr mir zugehört habt, schlecht angewendet war?"

„Im Gegentheil," erwiederte Don Martial und reichte ihm lächelnd die Hand, „ich finde, daß Ihr höchst anziehend plaudert und ein trefflicher Erzähler seid."

„Bitte, Ihr wollt mir schmeicheln."

„Keineswegs, außerdem bin ich der Meinung, daß die Nonnen des Bernhardinerinnen=Klosters wackere, treffliche Geschöpfe sind."

„Caspita, das wollt ich meinen, ist ihre Pförtnerin doch meine Verwandte."

Die beiden Männer schlugen ein herzliches, fröh= liches Gelächter auf, worauf gewiß Niemand, bei dem

Anfange der Unterhaltung beigewohnt hätte, gefaßt ge=
wesen wäre.

„Jetzt müffen wir uns trennen," fagte der capataz aufftehend.

„Schon!"

„Ich muß noch heute Nacht meinen Gebieter auf
einem Ritte außerhalb der Stadt begleiten."

„Jedenfalls wieder irgend eine Verschwörung."

„Das fürchte ich auch; was kann ich aber thun?
Ich muß gehorchen."

„Nun, so führt mich hinaus."

„Das werde ich sogleich thun; fagt mir doch, ob
Ihr Don Valentin feit Eurer Ankunft gefehen habt?"

„Noch nicht; offen geftanden macht mich der lange
Verzug beforgt, und wenn es nicht schon so fpät wäre
und ich den Weg wüßte, möchte ich zu Don Antonio
Rallier, feinem Landsmanne gehen, um Nachrichten über
ihn einzuziehen."

„Das ist nicht schwer, habt Ihr die Adreffe des
Don Antonio Rallier?"

„Gewiß, er wohnt fecunda Monterilla."

„Schön, das ist nur wenige Schritt von hier und
wenn Ihr es wünscht, laffe ich Euch hinbringen."

„Ihr erweift mir einen großen Gefallen; aber
durch wen?"

„Caspita! Habt Ihr den Mann vergeffen,
welchem Ihr Euer Pferd anvertrautet? Er wird Euch
als Führer dienen."

„Tausend Dank!“

„Nicht doch, es ist nicht der Rede werth. Werdet Ihr morgen einen Spaziergang nach dem Parian machen?“

„Gewiß, ich trage zu großes Verlangen, Euren Beichtvater zu sehen, um es zu versäumen.“

Die Männer lächelten sich einverstanden an.

„Reicht mir jetzt die Hand, wir wollen gehen!“

Sie entfernten sich.

Der capataz führte den Tigrero durch dieselben Gänge, in welchen er sich trotz der Dunkelheit, wie am hellen Tage, orientirte und bald standen sie wieder unter dem saguan des kleinen Hauses.

Der capataz öffnete die Thüre, schaute hinaus und überzeugte sich, daß die Straße einsam war. Nach= dem er rechts und und links um sich geschaut, pfiff er auf eigenthümliche Weise, worauf sich bald Tritte ver= nehmen ließen und ein Peon erschien, der das Pferd des Tigrero am Zügel führte.

„Lebt wohl, Senor,“ sagte der capataz, „habt Dank für den angenehmen Abend, welchen Ihr so freund= lich gewesen, mir zu widmen! Pillote, Du wirst den Caballero, welcher forastero ist, nach der secunda Monterilla führen und ihm das Haus des Don An= tonio Rallier zeigen.“

„Ja, mi amo,“ antwortete der Peon lakonisch.

Die beiden Freunde sagten sich ein letztes Lebe= wohl, worauf sich der Tigrero in den Sattel schwang

und Pillote folgte, während der capataz in das Haus
zurückkehrte, deſſen Thüre er hinter ſich ſchloß.

Nachdem der Reiter und ſein Führer unzählige
Umwege gemacht, betraten ſie endlich eine Straße,
welche der Tigrero wegen ihrer Breite als zu dem
eleganten Stadttheile gehörig vermuthete.

„Hier iſt die secunda Monterilla,“ ſagte der
Peon, „und hier,“ fügte er hinzu, indem er auf einen
Reiter deutete, der ihnen in Begleitung dreier Diener
entgegen kam, „hier iſt Don Antonio, welchen Ihr
ſucht?“

„Seid Ihr deſſen gewiß?“ fragte der Tigrero.

„Caraï, ich kenne ihn gut genug.“

„In dem Falle nehmt dieſen Piaſter, Freund, und
entfernt Euch, ich bedarf Eurer Hülfe nicht mehr.“

Der Peon dankte und ging.

Während dieſes Zwiegeſpräches hatte der fremde
Reiter ſein Pferd, ſichtlich beſorgt, angehalten.

„Kommt näher, Don Antonio!“ rief ihm der
Tigrero zu, „ſeid unbeſorgt, ich bin ein Freund.“

„Oho! Es iſt ſehr ſpät, um einem Freunde auf
der Straße zu begegnen,“ antwortete Don Antonio,
indem er ſich unterdeſſen unbedenklich näherte und nur
auf alle Fälle ſeine Waffen bereit hielt.

„Ich bin Martial, der Tigrero.“

„Das iſt etwas Anderes, kommt Ihr, mich um
meine Gaſtfreundſchaft zu bitten? Ich will Euch durch

einen meiner Diener zu Hause begleiten lassen und
dann weiter reiten, denn ich habe Eile."

„Ich bin es zufrieden, erlaubt mir aber eine Frage."

„Sprecht!"

„Wo ist Don Valentin?"

„Möchtet Ihr ihn sehen?"

„Es ist mein sehnlichster Wunsch."

„Dann begleitet mich, denn ich gehe zu ihm."

„Es ist eine Fügung des Himmels, daß er zu
so gelegener Zeit hier ist," rief der Tigrero aus, indem
er an die Seite Don Antonio's ritt.

XIV.

Der Velorio.

Es war spät, als sich die Verschwörer trennten
und die letzten Officiere hatten kaum den rancho ver=
lassen, als bereits von der Straße her die Tritte der
Pferde und Maulthiere herüberschallten, welche die
indianischen Verkäufer zum Markte brachten. Es herrschte
zwar noch die tiefste Finsterniß, indessen fingen die
Sterne bereits an am Himmelsdome zu erbleichen, die
Luft wehte jetzt kühler, kurz, Alles verkündete den nahen
Anbruch des Tages.

Die beiden Reisenden saßen wieder stumm und unbeweglich wie Bilder von Stein am Ende eines Tisches einander gegenüber.

Der Wirth ging geschäftig im Zimmer hin und her, dem Anscheine nach, um Ordnung und Sauberkeit herzustellen, im Grunde war er aber nicht wenig besorgt und wünschte die seltsamen Gäste so bald wie möglich los zu sein, deren Schweigsamkeit und Enthaltsamkeit ihm wenig Vertrauen einflößte.

Endlich klopfte Derjenige, welcher bereits für sich und seinen Freund das Wort geführt hatte, zweimal leicht auf den Tisch.

Der Wirth kam auf diesen Ruf eilfertig herbei.

„Was wünschen Ew. Gnaden?" fragte er in unterwürfigem Tone.

„Hört, Herr Wirth," versetzte der Fremde, „es kommt mir vor, als ob Euer criado sehr lange ausbliebe; der Zeit nach könnte er recht gut wieder da sein."

„Verzeihung, Ew. Gnaden, der Weg von hier nach der secunda Monterilla ist weit, besonders, wenn man gezwungen ist, ihn zu Fuß zurück zu legen. Ich glaube aber, daß der Peon bald wieder da sein wird."

„Das gebe Gott! Bringt uns Beiden einen Aufguß von tamarinden."

In dem Augenblicke, wo der Wirth das Verlangte herbei brachte, wurde an die Thüre geklopft.

„Das ist vielleicht unser Bote," bemerkte der Fremde.

„Wohl möglich, Ew. Gnaden," entgegnete der

Wirth, indem er einen Spalt der Thüre öffnete, welche
durch eine starke, eiserne Kette, deren eines Ende in
der Wand und das andere in der Thüre selbst hing,
verwahrt war und nur eine schmale Oeffnung zuließ,
durch welche sich kein Besucher, wer er auch sein mochte,
gegen den Willen des Hauswirthes eindrängen konnte.

Jene einfache, aber zweckmäßige Vorkehrung findet
sich in ganz Mexiko vor, weil die Organisation der
Polizei in jenem gesegneten Lande den Einwohnern so
wenig Vertrauen einflößt, daß sie sich nicht genug gegen
die Spitzbuben jeder Art, die einen Zufluchtsort dort
finden, hüten zu können meinen.

Nachdem der Wirth mit dem neuen Ankömmling
einige leise Worte gewechselt hatte, öffnete er die Kette
und ließ ihn eintreten.

„Ew. Gnaden," sagte er zu dem Fremden ge=
wendet, der seinen Aufguß langsam schlürfte, „hier ist
Euer Bote."

„Endlich!" rief der Reisende erfreut aus, indem
er seinen Hornbecher auf den Tisch stellte.

Der Peon nahm höflich den Hut ab und grüßte.

„Nun, Freund?" fragte der Fremde, „habt Ihr
Denjenigen gefunden, zu welchem ich Euch schickte?"

„Ja, Ew. Gnaden, ich war so glücklich, ihn zu
Hause zu treffen, als er eben von einer tertulia calle
San Agustin heimkehrte."

„So, was sagte er zu meinem Briefe?"

„Es ist auf jeden Fall ein Caballero, Ew. Gnaden,

denn erst gab er mir einen Piaster," und dann sagte er,
„entferne Dich so schnell Du kannst und sage Dem=
jenigen, der Dich schickt, daß ich zu gleicher Zeit mit
Dir an dem bezeichneten Orte sein würde."

„Also ..."

„Also wird er wahrscheinlich in wenigen Minuten
hier sein."

„Schön, Du bist ein anstelliger Bursche, hier hast
Du noch einen Piaster für Dich und Du kannst jetzt
gehen."

„Dank, Ew. Gnaden," sagte der Peon und steckte
vergnügt das Geld ein. Caraï, wenn mir der Himmel im
Laufe des Jahres monatlich nur zwei solche Nächte wie die
heutige bescheert, so werde ich zum reichen Manne."

Er grüßte noch einmal und verließ das Zimmer,
aller Wahrscheinlichkeit nach in der Absicht in den Corral
zu gehen und auszuschlafen.

Der Peon hatte wahr gesprochen, denn er war
kaum zehn Minuten fort, als sich von außen ein ziem=
lich starkes Geräusch vernehmen ließ, der Hufschlag von
Pferden erschallte und es wurde nicht nur an die Thüre
geklopft, sondern auch wiederholt gerufen.

„Macht getrost auf, Meister Wirth!" sagte der
Fremde, „die Stimme kenne ich."

Der ranchero gehorchte, worauf mehrere Per=
sonen eintraten.

„Seid Ihr endlich wieder da, lieber Valentin?"
redete der Neuangekommene den einen Reisenden auf

Französisch an, indem er rasch auf ihn zu eilte, während die beiden Fremden gleichfalls aufstanden und ihm entgegen gingen.

„Tausend Dank, für die Schnelligkeit, mit welcher Ihr meiner Einladung gefolgt seid, liebster Rallier!" antwortete der Jäger.

Der ranchero biß sich auf die Lippe, als er die Laute einer Sprache vernahm, welche er nicht verstand.

„Hm! Es müssen Jngleses sein," murmelte er verstimmt, „ich dachte mir es doch, daß gringos dahinter steckten."

Das gemeine Volk in Mexiko bezeichnet ein für alle Mal alle Fremden als Engländer oder gringos, d. h. Ketzer.

„Kommt hierher, no Lusacho!" redete Valentin den Gastwirth an, der ziemlich verlegen dastand und seinen Hut in den Fingern herum drehte, „ich habe mit jenen Cavalieren wichtige Angelegenheiten zu verhandeln und da ich von Euch nicht gestört sein möchte, ersuche ich Euch, mir dieses Zimmer ungefähr auf eine Stunde zu überlassen."

„Ew. Gnaden!" stammelte Jener.

„Ich verstehe, Ihr verlangt Geld und sollt es haben unter der Bedingung, daß Niemand, auch Ihr nicht ausgenommen, hereinkommt, ohne von mir gerufen zu sein."

„Aber Ew. Gnaden ..."

„Hört mich jetzt zu Ende, unter zwei Stunden

wird es nicht Tag sein, und Ihr braucht Euren rancho nicht eher aufzumachen, weil bis dahin keine Gäste kommen werden. Ich zahle Euch für jede Stunde eine Unze, seid Ihr das zufrieden?"

„Ganz gewiß, Ew. Gnaden, um den Preis steht Euch das Haus den ganzen Tag zu Diensten."

„Das ist nicht nöthig," antwortete der Jäger lachend, „doch bitte ich, ehrlich Spiel zu spielen, nicht wahr? Ich will weder Horcher, noch unberufene Blicke durch die Spalten der Wand."

„Ich werde mich als ehrlicher Mann bewähren, Ew. Gnaden."

„Ich will es gern glauben, doch warne ich Euch bei Zeiten, denn wenn ich ein Ohr, oder ein Auge erblicken sollte, so würde ich nicht ermangeln, eine Er= mahnung zur Vorsicht in Gestalt einer Kugel abzusenden und meine Hand ist unglücklicher Weise ziemlich sicher. Seid Ihr das auch zufrieden?"

„Vollkommen, Ew. Gnaden und ich werde meine Leute sorgfältig überwachen, damit Ihr nicht gestört werdet."

„Ihr seid ein ausgezeichneter Wirth und ich prophe= zeihe Euch ein rasches Emporsteigen, weil Ihr Euren Vortheil richtig erkannt."

„Ich bin stets bemüht, die Cavaliere, welche mein niederes Dach beehren, zufriedenzustellen."

„Das ist ein sehr richtiger Grundsatz. Hier habt Ihr die zwei versprochenen Unzen nebst noch vier.

Piaſtern für die Erfriſchungen, welche Ihr uns reichen
werdet. Laßt die Pferde der Caballeros nach dem
corral führen und verlaßt uns dann!"

Der Wirth verneigte ſich mit einem erzwungenen
Lächeln, brachte dann mit einer Schnelligkeit, welche bei
ſeinen Standesgenoſſen eine ſeltene Erſcheinung iſt, die
verlangten Erfriſchungen herbei und wandte ſich dann
mit einer tiefen Verbeugung und folgenden Worten zu
dem Jäger:

„Ew. Gnaden wollen ſich jetzt als zu Hauſe be=
trachten, es wird Niemand ohne Euren Befehl herein=
kommen."

Er verließ hierauf das Zimmer.

Während Valentin dieſes Uebereinkommen mit dem
Wirthe traf, ſchwiegen die übrigen Anweſenden, waren
aber im Stillen über das ſeltſame Verfahren des
Jägers und die practiſche Weiſe beluſtigt, wie er ſich
vor der Neugierde, welcher man an ſolchen Orten ſelten
entgeht, zu ſichern wußte, denn die Wirthe nehmen im
Allgemeinen jeden Vortheil mit und pflegen kein Be=
denken zu tragen, Diejenigen zu verrathen, welche ſie
gut bezahlt haben.

„Jetzt," ſagte Valentin, ſobald ſich die Thüre hinter
dem Wirth geſchloſſen hatte, „können wir wenigſtens
ungeſtört plaudern."

„Redet ſpaniſch, Freund!" entgegnete Don Rallier.

„Warum denn? Iſt mir es doch ſo wohlthuend,
mich in meiner Mutterſprache auszuſprechen, welches=

Glück mir selten zu Theil wird. Ich versichere Euch, daß Curumilla keinen Anstoß daran nehmen wird."

„Ich hatte auch nicht den Häuptling, dessen Freund=
schaft für Euch ich sehr gut kenne, dabei im Sinne."

„Wen denn sonst?"

„Don Martial, der mich herbegleitet hat und Euch
wichtige Dinge mittheilen will."

„Das ist freilich etwas Anderes," antwortete der
Jäger jetzt auf Spanisch, „seid Ihr also auch hier, lieber
Don Martial?"

„Ja, Senor," antwortete der Tigrero und trat
aus dem Schatten, in welchem er bisher gestanden hatte.
„Es macht mich ausnehmend glücklich, Euch hier zu treffen,"
fügte er, näher tretend, hinzu.

„Wen habt Ihr denn noch mitgebracht, lieber
Anton?"

„Mich, Freund," sagte ein Dritter, indem er den
Mantel abwarf, „mein Bruder glaubte, daß es auf
alle Fälle gerathener sei, in Begleitung zu kommen,
als allein."

„Euer Bruder hat Recht gehabt, lieber Eduard,
und ich bin ihm dafür besonders dankbar, weil mir
auf diese Weise das Glück wird, Euch ein Wenig früher
zu begrüßen. Jetzt, Senores, wollen wir uns, wenn
es Euch Recht ist, setzen und miteinander reden, denn
wenn ich nicht irre, haben wir uns gewisse Dinge mit=
zutheilen, welche namentlich für mich von großer Wichtig=
keit sind."

„Allerdings," antwortete Anton Rallier, indem er sich niedersetzte, während die übrigen Anwesenden seinem Beispiele folgten.

„Wir wollen, wenn Ihr es zufrieden seid, syste= matisch verfahren," fuhr Valentin fort, „ich glaube, daß wir auf diese Weise schneller zum Ziele kommen. Die Zeit ist, wie Ihr wißt, kostbar."

„Vor allen Dingen, mein Freund," sagte Anton Rallier, „muß ich Euch in meinem und meiner Familie Namen noch einmal für die Dienste danken, welche Ihr uns auf unserer Reise durch das Felsengebirge erwiesen habt. Ohne Euch und Eure einsichtsvolle Freundschaft, ohne Eure großmüthige Selbstverleugnung würden wir in den furchtbaren Schluchten elend umgekommen sein."

„Weshalb ruft Ihr jene Erinnerung zurück, Freund?"

„Weil ich Euch überzeugen möchte," erwiederte Anton Rallier feurig, „daß Ihr unbeschränkt über uns verfügen könnt, unser Arm, unsere Börse und unser Herz gehören Euch."

„Ich weiß es, lieber Freund, und Ihr sehet, daß ich mich nicht bedacht habe, Euch auf die Gefahr, Euch selbst verdächtig erscheinen zu lassen, in Anspruch zu nehmen. Laßt das daher jetzt ruhen und kommen wir lieber gleich zur Sache. Was habt Ihr ausgerichtet?"

„Ich habe Eure Instruction pünktlich befolgt, lieber Freund und Eurem Wunsche gemäß in der Tacuba-Straße ein Haus für Euch miethen und einrichten lassen."

„Verzeihung, doch wißt Ihr wohl, daß ich Mexiko

wenig kenne, indem ich es selten besucht und mich niemals
dort aufgehalten habe."

„Die Tacuba-Straße ist eine der größten von
Mexiko und befindet sich dem Palast gegenüber, in
geringer Entfernung von derjenigen, welche ich selbst
mit meiner Familie bewohne."

„Das ist vortrefflich; unter welchem Namen habe
ich jenes Haus gemiethet?"

„Unter dem Namen eines Don Serapio de la
Ronda, Eure Dienerschaft ist bereits seit zwei Tagen
eingetroffen."

„Das heißt?"

„Das heißt Fröhlich und der Schwarze Hirsch;
der Erste ist Euer mayor domo, der Zweite Euer
Kammerdiener; sie haben Alles geordnet und Ihr könnt
eintreffen, wann Ihr wollt."

„Noch heute."

„Ich werde Euch selbst hinführen."

„Dank; weiter?"

„Weiter hat mein Bruder Eduard unter seinem
eigenen Namen ein kleines Haus vor dem San Lazaro-
Thore gemiethet, in welchem zehn Renner von der Race
des Mustang der Prairien in einem prachtvollen Corral
untergebracht worden sind."

„Gut, das ist die Sache Curumilla's; er wird
jenes Haus mit Eurem Bruder bewohnen."

„Jetzt von etwas Anderem, Freund."

„Redet!"

„Ihr werdet mir deshalb nicht zürnen?"

„Euch?" sagte Valentin und reichte ihm die Hand, „was fällt Euch ein!"

„Da ich nicht wußte, ob Ihr über die hinreichenden Geldmittel verfügt und Ihr werdet wissen, daß Ihr viel haben müßt..."

„Das weiß ich, nun?"

„Nun..."

„Ich sehe schon, daß ich Euch zu Hülfe kommen muß, lieber Anton. Ihr haltet mich für einen armen Teufel von einem Jäger, der keinen Heller besitzt und habt daher mit dem Zartgefühl, das Euch eigen ist, fünfzig oder gar hunderttausend Piaster in irgend einen Winkel meiner Schlafkammer versteckt und möchtet mir jetzt den Schlüssel dazu geben und mir, für den Fall, daß es nicht ausreicht, fernere Unterstützung anbieten, nicht wahr?"

„Ihr seid mir nicht böse, wenn dem so ist?".

„Im Gegentheil, lieber Freund, ich bin Euch sehr dankbar."

„Ach, dann nehmt meinen Dank!"

„Wofür, lieber Anton?"

„Dafür, daß Ihr die hunderttausend Piaster an= nehmen wollt."

Valentin lächelte.

„Nun, es freut mich, zu sehen, daß ich mich nicht in Euch geirrt habe und indem ich Euch von Herzen für die Gefälligkeit danke, welche Ihr die Absicht hattet, mir zu erweisen, lehne ich dieselbe zugleich ab."

„Ihr weiſet mich ab, Valentin?" fragte er betrübt.

„Verſteht mich recht, Freund, ich weiſe Euch nicht ab, ſondern ſage Euch ganz einfach, daß ich Euer Geld nicht brauche, und zum Beweiſe ſehet her," fügte er hinzu, indem er ein vierfach zuſammengefaltetes Blatt aus ſeiner Brieftaſche nahm und es ſeinem Landsmanne vorlegte, „Ihr ſeid ja ſelbſt Banquier und werdet daher wohl das Haus Tornwood, Davidson &. Co.kennen."

„Es iſt das reichſte in San-Franzisco."

„Gut, ſo entfaltet das Blatt und leſet."

Don Rallier gehorchte.

„Ein unbeſchränkter Credit des Hauſes Tornwood auf mich!" rief er mit vor Freude bebender Stimme aus.

„Iſt Euch das unangenehm?" fragte Valentin lächelnd.

„Im Gegentheil; Ihr ſeid alſo reich?"

Eine Wolke der Schwermuth verdüſterte die Stirn des Jägers.

„Habe ich Euch betrübt, mein Freund?"

„Ach! Ihr wißt ja, daß es Wunden giebt, die niemals heilen. Ja, Freund, ich bin reich, denn Curu= milla, Fröhlich und ich ſind ſeit dem Tode meines Milch= bruders die Einzigen, welche in der apacheria das reichſte Goldfeld kennen, das es auf Erden giebt. Ich habe Euch in der Abſicht, daſſelbe aufzuſuchen, nicht bis nach Mexiko begleitet. Jetzt wißt Ihr mein Geheimniß; was liegt mir aber jetzt, wo mein Herz für alle Lebensfreu= den abgeſtorben iſt, an dem unermeßlichen Reichthume?"

Der Jäger senkte, von trüben Erinnerungen erfaßt, den Kopf auf die Brust und erstickte einen Seufzer.

Curumilla erhob sich unter dem allgemeinen Schweigen, denn Niemand wagte hergebrachte Trostesworte zu sprechen, legte die Hand auf die Schulter Valentin's und sagte in düsterem Tone:

„Vergiß nicht, Koutonepi, daß Du gelobt hast, unseren Bruder zu rächen."

Der Jäger sprang auf, als habe ihn eine Schlange gebissen, drückte heftig die dargereichte Hand des Indianers und blickte denselben eine Zeit lang mit seltsamer Starrheit an.

„Nur die Weiber beweinen die Todten, weil sie dieselben nicht rächen können," fuhr der Indianer in demselben harten, schneidenden Tone fort.

„Du hast Recht," antwortete der Jäger mit fieberhafter Entschlossenheit, „und ich danke Dir, Häuptling, daß Du mich mir selbst wiedergiebst."

Curumilla legte die Hand seines Freundes auf sein Herz und blieb eine Zeit lang unbeweglich stehen; endlich ließ er sie fallen, ging auf seinen Platz zurück, hüllte sich in seinen Zarapé und verfiel in sein gewohntes Schweigen, welches er nur bei wichtigen Veranlassungen brach.

Valentin strich wiederholt mit der Hand über seine mit kaltem Schweiß bedeckte Stirn, versuchte zu lächeln und sagte weich:

„Verzeiht mir, Freunde, daß ich die Rolle, welche ich mir selbst auferlegt, auf kurze Zeit vergessen habe."

Die drei reichten ihm schweigend die Hand.

„Jetzt," fuhr er in festerem Tone fort, in welchem aber die eben erlebte Erschütterung noch hörbar bebte, „wollen wir von der armen Dona Anita de Torrès sprechen."

„Ich weiß leider Nichts von ihr," bemerkte Anton Rallier, „doch hat mir meine Schwester Helene, die ich auf Euren Wunsch in dem Bernhardinerinnen=Kloster habe aufnehmen lassen und welche ihre Freundin ist, angedeutet, daß sie mir in einigen Tagen eine wichtige Nachricht mittheilen werde."

„Wenn Ihr es erlaubt, will ich Euch jene Nachricht auf der Stelle verkünden," bemerkte Don Martial, der sich jetzt zum ersten Male an einer Unterhaltung betheiligte, die ihn bisher ziemlich gleichgültig gelassen hatte.

„Habt Ihr Etwas erfahren?" fragte Valentin.

„Ja, und zwar etwas sehr Wichtiges; deshalb wünschte ich auch so sehr mit Euch zu sprechen."

„So redet denn, mein Freund, redet, wir sind ganz Ohr."

Der Tigrero ließ sich nicht zweimal bitten, sondern erzählte umständlich, was sich während seines Beisammenseins mit dem capataz des Generals Don Sebastian Guerrero zugetragen hatte. Die drei Franzosen hörten ihm mit der gespanntesten Aufmerksamkeit zu. Als er geendet hatte, erhob sich Valentin.

„Wir müssen fort, Senores," sagte er, „wir haben keinen Augenblick zu verlieren. Vielleicht bietet uns heute der Himmel die Gelegenheit, auf welche wir bereits so lange vergebens gewartet haben."

Die Anwesenden standen auf, ohne eine deutlichere Erklärung von dem Jäger zu verlangen, und wenige Augenblicke später sprengte Valentin mit seinen Ge= fährten in der Richtung von Mexiko davon.

„Ich weiß zwar nicht, über welcher schwarzen That sie brüten," murmelte no Lusacho, als er sie in der Ferne verschwinden sah, „jedenfalls sind es aber wackere Cavaliere, welchen das Gold wie Wasser aus den Händen fließt."

Er kehrte hierauf in seinen rancho zurück, dessen Thüre er aber jetzt offen ließ, denn es wurde bereits Tag.

XV.

Das Kloster der Bernhardinerinnen.

Die Geschichte der Colonien ist allenthalben die= selbe, d. h. es haben sich dort die alten Sitten, Ge= wohnheiten und religiösen Ueberzeugungen unverändert oder vielmehr in gesteigertem Maße erhalten, welche in der Hauptstadt verschwunden sind.

Mexiko war für Spanien, was Canada noch jetzt für Frankreich ist.

In Mexiko hat sich das spanische Mönchthum

nebſt allen Mißbräuchen eines entarteten Kloſterleben
erhalten, denn wir ſehen uns leider gezwungen, zu ge=
ſtehen, daß die meritaniſchen Mönche mit geringen, ſehr
geringen Ausnahmen ein keineswegs erbauliches Leben
führen. Vor einigen Jahren kam ein päpſtlicher Legat
nach Mexito, welcher beauftragt war zu verſuchen,
in den Klöſtern bringend nothwendig gewordene Refor=
men einzuführen. Er ſah aber ein, daß dies unmöglich
ſei und kehrte unverrichteter Sache heim. Wir ſprechen
nämlich nicht von einer fernen Vergangenheit, ſondern
von geſtern und heute, und wie die Dinge ſtehen, wird
es auch künftig nicht anders werden.

Troß der zahlloſen Revolutionen in Mexito ſind
doch die Mönche jenes Landes noch immer ſehr wohl=
habend. Es iſt vielleicht noch der beſte Gebrauch,
welchen ſie von ihrem Gelde machen, daß ſie es zu
ſechs Procent ausleihen, was, wie wir hinzuzufügen
nicht ermangeln wollen, in einem Lande, wo die Zinſen
für erborgtes Geld in der Regel ſechszehn bis acht=
zehn Procent betragen, unverkennbar ſehr nüßlich iſt,
uns aber mit dem Berufe jener Mönche und den reinen
Lehren der katholiſchen Religon unmaßgeblich nicht über=
einzuſtimmen ſcheint, welche das Anlegen des Geldes
gegen Zinſen als einen verſteckten Wucher verdammt.

Es giebt eine Anzahl religiöſer Gemeinden in
Mexito; die Stadt zählt acht und fünfzig Kirchen und
ſechs und dreißig Klöſter. Unter jener bereits ſehr anſehn=
lichen Zahl ſind gewiſſe Klöſter nicht inbegriffen, z. B. das

des San-Franzisco, dessen von einer hohen, starken, Mauer umgebenes Gebiet mehrere Klöster und Kirchen enthält, während es von außen einer Festung gleicht.

Auf die Gefahr hin, uns den Tadel gewisser Personen zuzuziehen und excentrisch zu erscheinen, fügen wir hinzu, daß jene Sammelplätze christlicher Gottes= häuser die Tradition des mexikanischen Teocali nach= zuahmen scheinen, dessen Gebiet acht und siebzig Ge= bäude umfaßte, welche sämmlich dem Gottesdienste der Azteken gewidmet waren.

Welcher Glaube, möchten wir zuerst fragen, herrscht im spanischen Amerika? Auf keinen Fall die katholische Religion, was wir mit voller Ueberzeugung aussprechen und erforderlichen Falles sogar beweisen können. Die Süd=Amerikaner sind, wie die Südländer überhaupt, geborne Götzendiener, welche Freunde des Flitters und der Feste sind, aus jedem Heiligen einen Gott machen, die Jungfrau unter hundert verschiedenen Gestalten ver= ehren, die alten aztekischen Götzenbilder ausgraben, um sie in allen Kirchen aufzustellen und sie unter der bedeutsamen Bezeichnung: Santos Antiguos, oder ältere Heilige, verehren.

Was soll man dazu sagen? Nichts weiter als, daß die Hispanos-Amerikaner die Religion, deren Bekennt= niß man ihnen aufgezwungen, nie begriffen haben, kein Bedürfniß nach derselben empfinden und daß die große Mehrzahl der Eingebornen deren Zahl ohngefähr zwei Dritttheile der Bevölkerung ausmacht, im Gegensatze zu

den Europäern, im Grunde des Herzens ihrem alten
Glauben huldigt. Das ist der Grund des sittlichen
Verfalles der großen Masse, über welche man mit Recht
klagt, dessen erster Grund aber in dem Fehlgriffe Der=
jenigen zu suchen ist, welche den christlichen Glauben mit
Feuer und Schwert im Lande zu begründen meinten,
ein Verfahren, welches von der spanischen Geistlichkeit
bis zur Unabhängigkeitserklärung der süd=amerikanischen
Colonien gewissenhaft befolgt worden ist.

Das Kloster der Bernharbinerinnen erhebt sich in
geringer Entfernung von dem Paseo de Bucareli; keine
der auf mexikanischem Gebiet bestehenden religiösen
Schwestergemeinden ist so reich, wie diese. Die spanischen
Könige und die vornehmsten Edelleute haben das Kloster
mit reichen Schenkungen bedacht, welche mit der Zeit zu
einem unermeßlichen Vermögen angestiegen sind.

Nicht nur der bedeutende Raum, welchen das
Klostergebäude einnimmt, sondern auch die dicken
Mauern, welche es umgeben, und die zahlreichen
Thürme, die es zieren, verrathen das Ansehen, in
welchem es noch heute stehet.

Das Kloster der Berharbinerinnen ist, wie die
merikanischen Klöster überhaupt, und namentlich das=
jenige des San-Franzisco, mit gewaltigen Mauern und
massiven Strebepfeilern versehen, die demselbem das An=
sehen einer Festung geben.

Indessen erkennt man an den schlanken Thürmen
und drei Kuppeln von glasirtem Steingute die Be=

stimmung des Gebäudes. Ein geräumiger Vorhof führt zu der Hauptkapelle, von deren verschwenderisch reicher Ausstattung man sich in Europa kaum einen Begriff machen kann.

Hinter jenem Hofe befindet sich der Raum, welcher zum besonderen Gebrauch der Schwestern abgegrenzt ist. Derselbe wird von hohen, mit Bildern guter Meister gezierten, Kreuzgängen eingefaßt, in welchen plätschernde Springbrunnen aus Schalen von weißem Chalcedon aufsteigen und an welche sich ungeheure huertas, d. h. schattige Baumgänge, geräumige Höfe, eine kostbare und reiche Bibliothek, in welcher die wissenschaftlichen Schätze Mexiko's bunt durcheinander aufgehäuft liegen, acht große, luftige, bequeme Schlafsäle, vierhundert Zellen für die Nonnen und ein Refectorium anschließen, in welchem vierhundert Gäste bequem Platz finden. Der ungläubigste Besucher ist daher unwillkürlich zur Bewunderung gezwungen, wenn er den Blick über das ebenso prachtvolle als imposante Ganze schweifen läßt, welches Alles übertrifft, was die schöpferischste Phantasie zu erdenken vermag.

An dem Tage, wo wir den Leser ungefähr gegen fünf Uhr Abends in das Kloster der Bernhardinerinnen einführen, saßen drei Personen in einer schattigen, fast am äußersten Ende des Gartens befindlichen Laube beisammen und unterhielten sich ziemlich lebhaft.

Die Aelteste von den Dreien war eine Nonne, während die beiden anderen, etwa sechszehn oder achtzehnjährigen Mädchen, die Tracht der Novizen trugen.

Die Aeltere war die Vorsteherin des Klosters, eine Frau von ungefähr vierzig Jahren, deren feine Züge ihre aristokratische Abkunft und anmuthige, würdevolle Haltung und deren milder, gütiger Ausdruck Verstand und Herzensgüte verrieth.

Die Zweite war Dona Anita, deren Portrait wir nicht zu entwerfen brauchen, weil sie der Leser bereits lange genug kennt. Wir bemerken daher nur, daß das arme Kind geisterhaft blaß war, während ihre fieberhaft glühenden und unstäten Augen Furcht und Hoffnungslosigkeit verriethen.

Die Dritte war Dona Helena Rallier, ein blondes, blauäugiges, schlankes, schalkhaft blickendes Kind, auf deren rosigen Wangen und edlen schöngebildeten Zügen neben dem Hauche jugendlicher Unschuld und Reinheit das muthwillige Bewußtsein eines von der nachsichtigen Erzieherin verhätschelten Kindes lag.

Dona Helena stand etwas außerhalb der Laube an einen Baum gelehnt, gegen den Garten gewendet, während sie ihr Gesicht gegen das Innere der Laube kehrte.

Sie schien als treue Wächterin die geheime Unterhaltung der Vorsteherin mit ihrer Gespielin zu hüten.

Dona Anita saß neben der Aebtissin auf einer steinernen Bank. Ihre Hände ruhten in denen der Nonne, während sie den Kopf auf die Schulter derselben lehnte und ihr mit Anstrengung einige leise Worte zuflüsterte, indessen stille Thränen über ihre abgehärmten Wangen rannen.

„Liebe Mutter," sagte sie mit einer Stimme, deren Wohllaut dem leisen Hauche einer Aeolsharfe glich, „ich weiß nicht, wie ich Euch für die unerschöpfliche Güte danken soll, die Ihr mir erweiset. Ach, Ihr seid jetzt meine einzige Verwandte, warum ist mir nicht ge= stattet, bei Euch zu bleiben? Mit Freuden würde ich das Gelübde ablegen, unter Eurer freundlichen Obhut mein Leben in diesem Kloster zu beschließen."

„Liebes Kind," antwortete die Vorsteherin sanft, „Gottes Größe ist unermeßlich, warum wolltest Du ver= zweifeln? Führt doch der Zweifel zum Unglauben und bist Du doch fast noch ein Kind und hast das Leben vor Dir, kannst mithin nicht wissen, welches Glück und welche Freuden die Zukunft für Dich birgt."

Das junge Mädchen lächelte trübe.

„Ach," seufzte sie, „ich habe keine Zukunft mehr, liebe Mutter; bin ich arme, verlassene, schutzlose Waise doch in die Hände eines herzlosen Verwandten gegeben, unter dessen eiserner Faust ich unaussprechliche Qualen und ein Leben voll Schmerz und Trauer erdulden muß."

„Kind," erwiederte die Vorsteherin mit sanftem Tadel, „versündige Dich nicht, denn wie gesagt, Du kannst nicht wissen, was Dir die Zukunft vorbehält. Jetzt bist Du undankbar, ja, undankbar und selbstsüchtig!"

„Ich undankbar, heilige Mutter?" rief das junge Mädchen aus.

„Ja, das bist Du, Anita, gegen Dich und gegen uns. Ist es denn nicht anzuerkennen, daß Du nach

dem furchtbaren Unglück, daß Dich betroffen, in das
Kloster zurückkehren durftest, wo Du Deine Kindheit
verlebt hast, während Du in unserer Mitte die zärtliche
Familie wiederfandest, welche Dir in der Welt entrissen
wurde? Rechnest Du es für gar Nichts, daß Du
von theilnehmenden Herzen umgeben, von Freundinnen
umringt bist, die Dir fortwährend Muth zusprechen?"

„Fasse Muth, meine Schwester," ertönte die
Stimme Dona Helena's wie ein zärtliches Echo.

Das junge Mädchen barg ihr in Thränen ge-
badetes Gesicht an dem Busen der Vorsteherin.

„Verzeiht mir, meine Mutter," murmelte sie,
„verzeiht mir, der Kampf, welchen ich so lange und so
hoffnungslos bestehe, hat meine Kräfte erschöpft. Mein
Herz vermag die Hoffnung, welche Ihr in mir zu
wecken sucht, nicht zu fassen, denn ich kann mich der
traurigen Ueberzeugung nicht erwehren, daß es Euch
trotz aller Anstrengungen nicht gelingen wird, das Unglück, welches mir drohet, abzuwehren."

„Laßt uns ein Wenig überlegen, mein Kind und
zwar vernünftig, wie es vernünftigen Geschöpfen ziemt.
Bis jetzt wenigstens ist es uns gelungen, der Welt
Deine glückliche Heilung zu verheimlichen."

„Glücklich!" seufzte sie.

„Ja, glücklich, denn zugleich mit dem Verstande
ist auch der Glaube, und durch ihn die Kraft in Dich
zurückgekehrt. Also während Dein Vormund selbst Dich
noch für irrsinnig hält und sich dadurch bewogen fühlt,

seine beabsichtigte Verbindung mit Dir aufzuschieben, habe ich die vornehmen Verbindungen meiner Familie benutzt, um durch ihre Vermittlung eine Bittschrift an den Präsidenten der Republik abgehen zu lassen. Jene Bittschrift wird von den angesehensten Namen Mexiko's unterstützt und ich verlange in derselben, daß man Dich nicht zu der beabsichtigten Heirath zwinge. Mit einem Worte bitte ich, daß alle Schritte Deines Vormundes so lange verschoben werden möchten, bis Du im Stande bist, selbst „ja" oder „nein" zu sagen."

„Wäre es möglich, liebe Mutter, das hättet Ihr gethan!" rief das junge Mädchen mit ausgelassener Freude aus und schlang ihre Arme um den Hals der Aebtissin.

„Gewiß habe ich das gethan, mein Kind, und ich erwarte jeden Augenblick eine hoffentlich günstige Antwort."

„Ach, Mutter, meine wahre Mutter, wenn das gelänge, wäre ich ja gerettet!"

„Gerathe nicht von einem Extrem in das andere, bis jetzt sind es nur noch Pläne, und Gott allein kann wissen, ob es uns gelingen wird."

„Gott wird gewiß eine arme Waise nicht verlassen."

„Liebes Kind, Gott straft, die er liebt; sei getrost, so wird seine Rechte über Dir ruhen und Dir im Unglück Kraft verleihen!"

„Schwester Redemtion kommt hierher, heilige Mutter!" sagte Helena jetzt.

Die Vorsteherin winkte, worauf sich Anita auf

das entgegengeſetzten Ende der Bank ſetzte, die Arme
über der Bruſt kreuzte und den Kopf ſenkte.

„Sucht Ihr unſere Mutter, Schweſter?" fragte
Helena eine ziemlich bejahrte Laienſchweſter, welche Ihr
entgegen kam und ſich rechts und links umſchaute, als
ob ſie in der That Jemanden ſuche.

„Ja, meine Schweſter," antwortete die Angeredete,
„ich habe unſerer Mutter eine Botſchaft zu überbringen."

„So tretet hier unter dieſe Laube, wo ſie ſich hin=
geſetzt hat, um zu ruhen."

Die Laienſchweſter trat unter die Laube, blieb be=
ſcheiden drei Schritt vor der Aebtiſſin ſtehen, kreuzte
die Arme über der Bruſt und wartete ehrerbietig bis
man ſie anreden würde.

„Was wünſcheſt Du meine Tochter?" fragte die
Vorſteherin.

„Vor allen Dingen Eueren Segen, meine Mutter,"
antwortete die Schweſter.

„Ich ertheile Dir denſelben, meine Tochter, jetzt
ſage mir, welche Botſchaft Du mir bringſt?"

„Ein vornehm ausſehender Cavalier, der ſich Don
Serapio de la Ronda nennt, wünſcht Euch insgeheim
zu ſprechen, meine Mutter. Die Pförtnerin hat ihn
in das Empfangszimmer geführt, wo er Euch erwartet."

„Ich komme ſogleich, meine Tochter, die Pfört=
nerin ſoll den Cavalier unterdeſſen um Entſchuldigung
bitten, wenn ich ihn länger warten laſſe, als ich möchte,
mein vorgerücktes Alter iſt Schuld daran."

Die Nonne verneigte sich ehrerbietig vor der Aebtissin und ging, ihren Auftrag auszurichten.

Die Aebtissin erhob sich mit Hülfe der jungen Mädchen, die zu ihrem Beistande herbeieilten und sie begleiten wollten; sie wehrte ihnen mit einer Hand= bewegung.

„Bleibt bis zur Oracion hier, Kinder," sagte sie, „Ihr könnt unterdessen miteinander sprechen, seid aber vorsichtig und laßt Euch nicht überraschen! Nach der Oracion kommt zu mir in meine Zelle!"

Nachdem sie hierauf Dona Anita noch ein Mal umarmt, entfernte sich die Aebtissin, welche im Grunde über den Besuch eines Unbekannten, dessen Namen sie zum ersten Male hörte, heimlich besorgt war.

Die Vorsteherin warf bei ihrem Eintritt in das Sprechzimmer einen raschen Blick auf den Fremden, welcher sich erhoben hatte und sie ehrfurchtsvoll grüßte. Diese erste Musterung war dem Unbekannten günstig, in welchem der Leser Valentin Guillois bereits erkannt haben wird.

„Nehmt gefälligst wieder Platz, Caballero," redete ihn die Vorsteherin an, „wenn wir längere Zeit mit einander zu reden haben, so geschieht es jedenfalls besser sitzend."

Valentin verneigte sich, bot der Aebtissin einen Sessel und setzte sich dann wieder.

„Man hat mir den Caballero Don Sarapio de la Ronda gemeldet," fuhr die Aebtissin nach einer Weile fort.

„Ich selbst bin Don Serapio de la Ronda," antwortete Valentin mit einer Verbeugung.

„Ich stehe zu Diensten, Caballero, und bin bereit zu hören, was Ihr mir mitzutheilen habt."

„In meinem persönlichen Interesse habe ich Nichts zu sagen, sondern erscheine als Abgesandter des Ministers Hazienda, der mir dieses Schreiben für Euch gegeben und mich gebeten hat, demselben einige erläuternde Worte hinzuzufügen."

Während Valentin diese Worte mit ausgesuchter Höflichkeit sprach, überreichte er der Aebtissin ein mit dem Siegel des Ministers versehenes Schreiben.

„Erbrecht diesen Brief," fügte er hinzu, als er sah, daß die Aebtissin denselben aus Höflichkeit unerbrochen in der Hand hielt, „Ihr müßt ihn gelesen haben, um das, was ich hinzufügen will, recht zu verstehen."

Die Aebtissin, welche innerlich vor Ungeduld brannte, zu erfahren, was ihr der Minister schreibe, wendete Nichts dagegen ein, sondern erbrach das Siegel und durchflog den Inhalt mit neugierigen Blicken.

Während sie las, verklärte eine lebhafte Freude ihr Gesicht.

„Se. Excellenz geruht also, meine Bitte zu erfüllen?"

„Ja, bis auf Weiteres bleibt Ihr allein verantwortlich für Euere junge Pflegbefohlene und habt nur dem Minister Rechenschaft abzulegen," fügte er mit Betonung

hinzu. Für den Fall, daß der General Don Guerrer
als Vormund Dona Anita's versuchen sollte, die Aus
lieferung derselben zu fordern, seid Ihr ermächtigt
dieses wahrhaft interessante, junge Mädchen nach irgen
einem beliebigen Kloster Eures Ordens bringen zu lassen

„Ach, Senor," antwortete sie mit feuchten Blicken
„ich bitte Euch, Sr. Excellenz in meinem Namen der
wärmsten Dank für den Akt der Gerechtigkeit auszu
sprechen, welchen er zu Gunsten des unglücklichen Mäd
chens erlassen hat."

„Ich werde mir diese Ehre geben," antwortet
Valentin aufstehend. „Erlaubt mir jetzt, da ich mich
meines Auftrages entledigt habe, mich bei Euch zu
verabschieden, indem ich zugleich die Freude ausspreche
die es mir bereitet hat, den Vermittler zwischen Euch
und Sr. Excellenz machen zu dürfen."

In dem Augenblicke, wo Valentin das Kloste
verließ, trat Carnero in Begleitung eines Mönches
der seine Capuze über das Gesicht gezogen hatte, i
dasselbe ein.

Der Jäger und der capataz tauschten stumm eine
Blick des Einverständnisses aus.

Ende des ersten Bandes.